# AI时代下
# 重新定义讲师

魏跃　魏吕杰◎著

中国商业出版社

**图书在版编目（CIP）数据**

AI时代下重新定义讲师 / 魏跃，魏吕杰著. -- 北京 : 中国商业出版社，2025. 5. -- ISBN 978-7-5208-3249-6

Ⅰ. G434

中国国家版本馆CIP数据核字第202412WF33号

责任编辑：石胜利

策划编辑：王　彦

中国商业出版社出版发行

（www.zgsycb.com　100053　北京广安门内报国寺1号）

总编室：010-63180647　编辑室：010-63033100

发行部：010-83120835/8286

新华书店经销

北京荣玉印刷有限公司印刷

*

710毫米×1000毫米　16开　14印张　180千字

2025年5月第1版　2025年5月第1次印刷

定价：65.00元

＊　＊　＊　＊　＊

（如有印装质量问题可更换）

# 前言 FOREWORD

随着Deepseek的横空出世，秧歌机器人春晚翩翩起舞，电影《哪吒2》票房奇迹般刷新记录，这些高光时刻，为新年经济奏响激昂序曲，迎来一波又一波令人振奋的开门红。民营企业座谈会的胜利召开，释放出一系列积极的政策信号。全国上下民族自信情绪高涨，经济复苏意愿增强，又一次让我们看到了黎明的曙光。深圳福田区政务大厅引入70名“AI公务员”悄然引领全国政府机关变革，杭州AI数字人新闻联播搞出了新花样，这些现象都展示出以人工智能为代表的第四次工业革命正在如火如荼的进行，文化自信与科技大爆发的时代已经来临。AI连接一切，AI生活化，AI产业化是一种趋势。

本书付梓之际，恰逢2025年两会圆满胜利召开，意义非凡。回首2024年，我国政府工作报告开创性地提出开展“人工智能+”行动，掷地有声地强调人工智能AI是驱动新质生产力发展的核心引擎，如今，累累硕果已初步呈现。从杭州亚运会开幕式上惊艳世人的首个“数字人”，到绚丽夺目的“数字烟花”；从引发全球热议的ChatGPT，到横空出世的DeepSeek；从AIGC到AGI，从单模态迈向多模态，大模型如同万能钥匙，开启千行百业垂直应用的大门，而人工智能+教育培训领域更是欣欣向荣，蓬勃发展。

置身于人工智能时代，我们所处的世界，处处涌动着变革的力量，也遍地蕴藏着机遇的宝藏。身为金牌讲师，不仅要精准洞察当下时局，更需高瞻远瞩，预判智慧未来。很多学员曾满怀疑虑地问我，讲师会不会被人工智能取而代之？在我看来，讲师并非被人工智能直接淘汰，而是被那些善于运用人工智能的讲师所取代。为紧跟时代节拍，我们在2015年出版的《金牌讲师三阶梯修炼法则1.0》

基础上，精雕细琢，编撰这本全新的讲师培训教材。编写团队广纳良言，精心筛选内容，去陈出新，字斟句酌，最终将其命名为《AI 时代下重新定义讲师：培训智能化赋能及讲师 IP 打造》，力求为您带来全新的视角和启示。

《金牌讲师三阶段修炼法则 1.0》这本书，与其说是写出来，不如说是讲出来的。它凝聚着金牌讲师特训营全体师生的心血与智慧，我不过是有幸将这些宝贵经验梳理总结。自 2011 年起，我精心创办 20 多期金牌讲师特训营，助力一大批学员自信登台，绽放光芒。加上自身 20 余载的讲台深耕，日积月累，总结出金牌讲师成长的三阶梯修炼法则，并将其巧妙运用于特训营的日常训练。历经多年、无数期的严苛检验，成效卓著且经久不衰。众多学员在培训结束后，诚挚建议我将这些宝贵经验集结成册，出版发行，以便与更多怀揣提升梦想的朋友共享。于是，《金牌讲师三阶段修炼法则》得以问世。

我亦非天生的演说高手，往昔岁月里，他人演讲时出现的紧张、羞怯、心跳如雷、手心冒汗、语无伦次、大脑空白、嗓子肿痛等窘况，我都一一经历。只是随着登台次数日益增多，讲授时长不断累积，在一次次历练中，逐渐驾轻就熟，从容自若。

在培养讲师过程中，我打破学院派说教式和野路子忽悠式教育，大胆引入“体验式”模式，以学员为中心，即老师是导演，学员是主演，让学员通过游戏、活动，情景演练环节融入其中，成为课堂的主人，更深刻地感知和领悟到涉及的要点，而老师只起一个穿针引线的作用。经过多年不断总结经验和教训，逐步完善和提炼出敢讲、能讲和会讲三阶梯修炼法则。

然而，身为金牌讲师，仅仅掌握演说技艺还远远不够，必须与时俱进。当下，随着人工智能时代的滚滚浪潮汹涌袭来，社交媒体蓬勃发展，讲师行业正面临全新的转型挑战与洗牌格局。

如今，直播已跃升为极具影响力的新营销利器。随着一大批“网红”与明星在直播领域大放光芒，“网红 + 直播”模式已然成为众多金牌讲师拓展网上营销的黄金标配，讲师从业路径也从传统线下全面迈向“线上 + 线下”协同发展的

O2O 新模式。昔日站在三尺讲台的金牌讲师，如今纷纷走进直播间，华丽转身为带货主播。毋庸置疑，直播间裹挟的海量流量，为从业者带来超乎想象的丰厚薪酬回报。培训行业巨头新东方旗下的东方甄选火爆出圈，便是成功转型的典范楷模，为行业发展照亮前路。

AI 前言技术的蓬勃发展，宛如为金牌讲师精心打造了一座装满多样化教学工具与手段的宝库，助力我们的课程焕发出前所未有的吸引力与卓越成效。特别是生成式人工智能 AIGC 带来的人机交互、深度学习全新体验，配合动作和影像分身数字人技术，讲师得以在批量短视频创作、课程高效录制、24 小时不间断直播等多个领域大展身手，广泛应用。

鉴于此，精心编撰《AI 时代下重新定义讲师：培训智能化赋能及讲师 IP 打造》这本书，旨在为您答疑解惑，助力您从容应对新时代的重重挑战。我们匠心独运，将直播、短视频以及和 DeepSeek 前沿新技术巧妙融入教材，以深入浅出的方式，全方位展现这些技术对讲师职业发展的深远影响与多元应用。与此同时，我们不忘传承经典，精心保留金牌讲师 1.0 版本的核心精髓，从讲师必备基础知识、攻克登台恐惧难关、态势语专业训练、个人风格精准定位、发音发声精细雕琢、演讲技巧巧妙运用、控场技巧灵活把控以及科普写作专项提升等多个维度，为学员进行全方位、综合性的精心塑造。力求从整体上全面提升学员的沟通交流与语言表达能力，实现综合素质的飞跃式提升。

《AI 时代下重新定义讲师：培训智能化赋能及讲师 IP 打造》作为金牌讲师培训教材的 2.0 升级版，将引领您深入探寻 AI 技术赋能职业发展的无限可能，解锁线上线下 O2O 深度融合的全能培养密码，助力金牌讲师在 AI 时代抢占全新 C 位，绽放耀眼光彩。我们深信，这本教材将化作您职业征途上的得力伙伴，伴您一路砥砺前行，迈向更为璀璨辉煌的未来。在本书的编写进程中，感谢美国乔治城大学魏吕川先生、陕西省健康管理行业促进会会长杨彦玉先生、北京世健联健商医学研究院刘跃权副院长及 AI 项目办姚杰老师、张雪老师鼎力支持，在此深表谢忱。同时，衷心感谢金师传媒和中国商业出版社的编辑老师们悉心指导与热忱帮助。编写期间，查阅参考大量文献资料与专业书籍，在此向所有作者致以诚挚敬意。因笔者水平有限、时间仓促，书中难免存在疏漏之处，恳请广大读者批评指正，期待再版时能够进一步充实丰富，臻于至善。

以此为序！

魏　跃

2025 年 2 月 22 日

# 目录 CONTENTS

## 第一章　颠覆与重生：AI时代下的讲师成长变革之路

# 第三章　从新手到金牌讲师的蜕变：培训讲师线下一站式快速成长之路

## 第六章　数字人直播：培训行业如何利用直播技术强化IP影响力

# 第一章　颠覆与重生：AI时代下的讲师成长变革之路

## 第一节　培训行业是否会被人工智能AI取代？

随着 DeepSeek 横空出世，如一把利剑搅翻欧美日 AI 圈，外网瞬间炸开了锅，硅谷大佬们坐不住了，恐慌之色溢于言表。这家公司凭低成本、高性能绝技，引发美股科技股“巨震”，英伟达等巨头股价接连跳水，市场对传统 AI 算力依赖论产生动摇。曾扬言要主宰未来职场的 ChatGPT，如今风头被抢，DeepSeek 强势上位。更绝的是，它像比亚迪抛弃燃油发动机拥抱电池那般，绕开英伟达芯片显卡，靠自研算法闯出一片天。在“卡脖子”困境下，中国智慧再次闪亮突围，推动全球 AI 的科技普惠和普及应用！

### 一、讲师在人工智能时代所面临的机遇与挑战

在人工智能的时代背景下，金牌讲师面临着一些特定的机遇和挑战。以下是一些可能的机遇和挑战：

1. 机遇

高级分析：AI 可以处理大量数据，从而为金牌讲师提供深入的学生行为和成绩分析，帮助他们更好地理解学生的学习需求。

个性化教学：通过 AI 技术，金牌讲师可以制定个性化的教学方案，根据每个学生的特点和需求进行精准教学。

远程教育扩展：AI 技术可以帮助金牌讲师扩展他们的教育范围，向更多的学生传授知识和技能。

终身学习：AI 可以提供持续的学习机会，金牌讲师可以通过这些技术进行自我提升，保持专业知识的更新。

2. 挑战

技术掌握：对于金牌讲师来说，掌握 AI 的相关技术可能是一个挑战，他们需要投入额外的时间和精力来学习。

信息筛选：AI 可以产生大量的信息，但对于金牌讲师来说，如何从海量的信息中筛选出有价值的内容却是一个重要的挑战。

伦理问题：在使用 AI 进行教学时，金牌讲师需要面对一些伦理问题，如数据隐私、学生权益等。

人机协作：AI 技术的引入会改变教学的方式和方法，金牌讲师需要重新考虑如何将技术与传统的教学方式相结合，以实现最优的教学效果。

适应变革：对于金牌讲师来说，适应这种由 AI 引领的变革可能需要一段时间，他们需要克服传统的教学观念和方法与新技术之间的冲突。总的来说，虽然 AI 的时代为金牌讲师带来了一些挑战，但同时也带来了许多机遇。他们需要积极面对挑战，利用新技术提高教学质量和效果。

## 二、培训教育是拥抱 AI 还是固守传统

培训教育行业是拥抱 AI 还是固守传统，这是一个备受争议的话题。随着人工智能技术的不断发展，越来越多的行业开始探索如何将 AI 应用于自己的领域。然而，对于培训教育行业来说，是否应该拥抱 AI 技术却一直存在争议。本书将从不同的角度分析这个问题，探讨拥抱 AI 和固守传统两种不同观点的优劣，并提出一些具体的建议。

1. 拥抱 AI 的观点

（1）提高效率

AI 技术可以帮助培训教育行业提高效率。例如，通过人工智能算法，可以自动化学生入学和分班的过程，减少人工操作的时间和精力，让这个过程更加科

学和高效。此外，AI 还可以自动化学生评价和反馈，减少人力成本，同时提高评价的准确性和客观性。这些功能可以显著提高培训教育行业的工作效率。

（2）个性化教学

AI 技术可以根据学生的学习情况和兴趣爱好，为他们量身定制教学计划和教学方案，实现个性化教学。这种个性化教学方式可以更好地满足学生的需求，提高教学效果和学习体验。它可以使教学更加精细化和个性化，让学生得到更好的教育资源，从而实现教育公平。

（3）辅助教师工作

AI 技术可以作为辅助工具，帮助教师更好地完成自己的工作。例如，AI 可以自动分析学生作业和考试数据，帮助教师更好地掌握学生的学习情况和需求。此外，AI 还可以提供实时的教学反馈和指导，帮助教师更好地指导学生。这些功能可以减轻教师的工作负担，提高教学效果和学生的学习效果。

2. 固守传统的观点

（1）缺乏情感交流

AI 技术虽然可以提高效率，但缺乏情感交流和人际互动。这可能导致学生在学习过程中缺乏情感支持和鼓励，影响学习效果。另外，一些教师也担心 AI 技术的使用会削弱自己与学生的沟通和交流能力。这些担忧在一定程度上影响了师生拥抱 AI 技术的积极性和主动性。

（2）技术成本高

AI 技术的引入需要投入大量的资金和人力成本。一些小型培训机构可能无法承担这种成本，因此会对 AI 技术的推广和应用造成一定的限制。另外，一些培训机构可能没有足够的技术支持和技术人才来维护和开发 AI 技术，这也会成为拥抱 AI 技术的一个瓶颈。

（3）数据安全问题

AI 技术的应用需要处理大量的学生个人信息和教学数据。如果数据安全保护不到位，可能会导致数据泄露和滥用问题的发生。这也是一些人担心的问题之一。在这个信息化时代，数据的重要性越来越大，保护数据的安全性已经成为一个必须面对的问题。

3. 分析与实践建议

（1）综合考虑

AI 技术具有提高效率、实现个性化教学、辅助教师工作等优势，但同时也存在缺乏情感交流、技术成本高、数据安全问题等挑战。因此，在决定是否拥抱 AI 技术时，应该综合考虑这些因素，同时权衡传统教学模式的优势。在推广 AI 技术的同时，我们也应该保留传统教学模式中优秀的部分，例如教师的言传身教和面对面的交流互动等。这样可以实现优势互补，更好地满足学生的需求和提高教学效果。

（2）分阶段推进

在引入 AI 技术时，我们可以采取分阶段推进的方式。首先，可以先从一些简单的、易于实现自动化的方面入手，例如学生入学和分班等；其次，可以逐步推进到一些较为复杂的方面，例如个性化教学和辅助教师工作等；最后，再逐步实现全面的智能化管理。这样可以逐步提高工作效率和教育质量，同时减少技术成本和数据安全风险。

## 三、颠覆培训认知，思维方式决定未来

随着 AI 技术的飞速发展，许多传统的职业和行业都面临着前所未有的挑战。颠覆培训认识，思维方式决定未来。其中，一个备受关注的话题是：AI 是否能够取代金牌讲师？

1. 金牌讲师的角色与价值

金牌讲师通常是指在专业领域具有丰富知识和经验的专家，他们通过授课、演讲、培训等方式，将知识和技能传授给学生或其他学习者。在这个过程中，金牌讲师扮演着至关重要的角色。他们不仅是知识的传播者，更是思维的引导者和灵感的激发者。

金牌讲师的价值主要体现在以下几个方面。

个性化指导：金牌讲师能够根据学生的需求和学习风格，提供个性化的指导和支持，帮助学生更好地理解和掌握知识。

思维启迪：金牌讲师通过自身的经验和见解，引导学生从不同角度思考问题，培养学生的创新思维和解决问题的能力。

情感交流：金牌讲师能够与学生建立良好的情感交流，关心学生的成长和发展，从而增强学生的学习动力和自信心。

2. AI 在教育培训领域的应用与挑战

近年来，AI 在教育培训领域的应用逐渐普及，例如智能辅助教学系统、智能题库、在线教育平台等。AI 的应用为教育培训带来了诸多优势，例如提高教学效率、个性化学习、降低成本等。然而，AI 在取代金牌讲师这一问题上仍面临着以下一些挑战。

情感交流：AI 虽然可以模拟人的语言和行为，但在情感交流方面仍存在不足。AI 无法像金牌讲师一样通过情感交流来激发学生的热情和自信心。

创新能力：AI 在处理既定任务和问题方面表现出色，但在创新能力方面仍有所欠缺。相比之下，金牌讲师能够通过自身的经验和见解，引导学生从不同角度思考问题，培养学生的创新思维和创造力。

适应能力：AI 在处理复杂和不断变化的环境时，其适应能力仍受到一定限制。相比之下，金牌讲师具有丰富的经验和快速的适应能力，能够灵活应对各种教学情境。

3. 结论：金牌讲师与 AI 的共生共存

综上所述，尽管 AI 技术在教育培训领域的应用取得了显著成果，但金牌讲师在许多方面仍具有独特的优势和价值。AI 可以作为金牌讲师的有力助手，辅助其完成教学任务和提高教学质量，但金牌讲师的角色和价值仍无法被完全取代。

在未来的教育培训领域，金牌讲师和 AI 技术将相互协作、共生共存。通过利用 AI 技术，金牌讲师可以更加专注于培养学生的创新思维和创造力，发挥自己的独特优势，共同推动教育培训事业的发展。

## 四、从 AI 到 AIGC：金牌讲师占据数智时代的 C 位

金牌讲师在人工智能时代扮演什么角色，是不是会被人工智能 AI 取代，这也是当前最热门的话题之一。人工智能的发展、传播和被接受是经过了一段漫长的寒冬的。十多年前，它还只是一个不被人看好的小众领域，但是现在，它却已经成了街头巷尾的热点谈资，几乎任何事情都可以和人工智能联系在一起。

ChatGPT 是出现在美国的一款人工智能技术驱动的自然语言处理工具，它能够通过理解和学习人类的语言来进行对话，还能根据聊天的上下文进行互动，真正像人类一样来聊天交流，甚至能完成写论文、撰写邮件、视频脚本、文案、代码、翻译等任务。它上线仅仅两个月，就拿下全球 1 亿用户。

在国内，百度推出 ChatGPT 竞品“文心一言”，它有五大能力，文学创作、商业文案创作、数理逻辑推算、中文理解、多模态生成。阿里也不甘落后，研发的类 ChatGPT 产品目前已在内测；浪潮信息宣布推出用于国产 ChatGPT 的 AI 算力产品；京东拥有丰富的场景和高质量的数据，计划结合 ChatGPT 的方法和技术点，融入产品服务，推动人工智能的产业落地。

比尔·盖茨评价 ChatGPT 这种人工智能技术出现的重大历史意义，不亚于互联网和个人电脑的诞生。马斯克在使用 ChatGPT 后的感受是“好到吓人”，甚至称“我们离强大到危险的 AI 不远了”。

人工智能发展到今天，对于每个行业中的相关职能，人工智能都可以找到应用场景，例如在零售行业的供应链、营销、客服等方面以及金融行业的研发、营销、客服、风控等方面都已经有人工智能落地实践。

在产业应用上，制造业、零售业、金融业、医疗卫生行业……它在一定程度上改变了组织的运转方式，使其可以更快更好地解决遇到的问题，并降低各类成本。

站在消费者的角度，人工智能的出现也为广大的用户群体带来了更多的选择。总的来说，人工智能在推动世界经济发展的同时，也将深层次地改变人类的生活。

ChatGPT 将改变人的思维观念和行动方式。社会学者则普遍认为，人类的许多工作岗位是不是会被它抢走？ ChatGPT 拥有超强的学习能力，会不会有一天它的能力超过人类，从人类的工具变为人类的主人？金牌讲师也在思考，讲师行业是不是也会面临下岗的危险？

我觉得不会，并且永远不会，人工智能本质上只是人类手中的一种工具。机器人直播讲师永远代替不了人类讲师特有的感情与温度。如同疫情三年放开后，人们纷纷从线上转到线下，全球开始流动起来。当然，高科技推动社会发展的车轮从来无法阻挡。我们并没有太多选择，唯有转变思维，积极拥抱。从 AI 到 AIGC，金牌讲师要抢占数智时代 C 位。讲师不是被人工智能 AI 取代，是被会使用人工智能 AI 工具的讲师取代。

## 五、人工智能 AI 赋能讲师培训的全新价值

在当前 DeepSeek 的背景下，金牌讲师培训课程也需要与时俱进，利用这些先进的技术提高培训质量和效率。

首先，DeepSeek 可以为讲师培训课程提供更加丰富和高效的教学方式和内容。利用 AI 技术，讲师可以通过智能语音识别、自然语言处理等技术，实现自动化、智能化的教学，提高教学效率和质量。同时，DeepSeek 可以根据讲师的教学需求和学生的反馈，提供更加个性化的教学方案和内容，使得讲师的培训更加具有针对性和实效性。

其次，DeepSeek 可以为讲师培训课程提供更加客观和准确的教学评估和反馈。利用 AI 技术，讲师可以通过智能评估算法对学生的表现进行客观、准确、全面的评估，及时发现学生的问题和不足之处，帮助他们更好地掌握知识和技能。同时，DeepSeek 可以通过对讲师的教学过程和效果进行评估和反馈，帮助讲师更好地认识自己的教学水平和质量，及时调整自己的教学方法和策略，提高教学

质量。

第三，DeepSeek 可以为讲师培训课程提供更加全面的资源共享和协作平台。利用 AI 技术，讲师可以通过云平台等技术手段，实现教学资源的高度共享和协同，方便快捷地获取所需的教学资源，并与其他讲师、学生等群体进行交流和协作。同时，DeepSeek 可以为讲师提供更加智能化的教学辅助工具，帮助他们更好地组织和呈现教学内容，提高教学效率和质量。

最后，讲师培训课程还需要强调人际交往和情感交流的重要性。DeepSeek 虽然能够提供高效、智能的教学方案和评估手段，但人与人之间的交流和互动仍然是不可或缺的。因此，在讲师培训课程中，还需要注重培养学生的沟通、协作等软技能，帮助他们更好地适应未来的社会和工作需要。

综上所述，当前 DeepSeek 技术为讲师培训课程提供了诸多便利和可能性。通过利用这些先进的技术手段，讲师可以更加高效、准确地传授知识和技能，提高教学质量和效果；同时，学生也可以更加愉悦、轻松地学习知识和技能，充分发挥自己的潜力和才能。

## 六、职业定位：打造 O2O 全能型“网红”讲师

金牌讲师首先要确定自己的目标，目标来自明确的定位，就是将“培训”进行一个定位。有两种方式：一种是将培训定位为一种职业，另一种是将培训定位为一种网红。

### 1. 将培训定位为一种职业

将金牌讲师作为自己的一种身份。这种身份可以是专职的，也可以是兼职的。

（1）专职金牌讲师

这是指机构内部的专职讲师，其岗位就是“培训讲师”，所做的工作就是培训。

（2）兼职的金牌讲师

在我们的金牌讲师特训营，绝大部分都属于这种情况，一般兼职的职业讲师多是医疗机构的医生，也有一些高校的教授。

2. 打造网络红人或带货达人

当下，短视频时代不是已经来了，而是正处于巅峰时期。根据相关数据，目前短视频用户超过 9 亿，每天的活跃用户高达 2 亿。

（1）短视频网红

有流量就有钱赚，很多人也在短视频行业取得了不错的收入，甚至已经实现了创业，更有吸引力的是短视频平台对入驻者门槛要求低，普通人也可以通过它来赚钱，同样有可能成为网红，甚至一夜成名并获得巨额收入。

比如学员张大春，刚进入特训营就以出色的演讲当选班长，他有多年大健康产业从业经历，也有丰富的舞台演讲经验，来自世健联健西安分院推荐。他所创立的大春之道，现在风靡全网。按照他所说，如果不是借助短视频矩阵，踩上流量风口，怎么可能那么快涨粉上千万。

目前，短视频平台多以广告收入为主要收入来源，但内容的优质性需要质量付费。在短视频内容经过一定的发展后，内容付费将逐渐成为一种重要的趋势。金牌讲师很多也就踩在短视频红利风口上，快速成为网络红人，粉丝裂变超百万，甚至上千万。

（2）直播带货达人

随着 5G 时代的到来，未来直播将延伸至其他各种细分领域，尤其直播 + 电商将大放异彩。未来直播 + 垂直领域将迎来契机，例如直播 + 电商、直播 + 教育、直播 + 音乐、直播 + 电竞、直播 + 公益等。主播们专业的态度和具有亲和力的特色化的讲解会增强用户黏性，使用户形成消费习惯。

主播带货是当下的风口，于是不少明星也纷纷加入带货行业，朱梓骁、舒畅、戚薇、辰亦儒，凭借明星效应，也进一步促进了直播行业的发展。

（3）企业家网红

企业家当网红，这已经成为一个不可忽视的现象。360 的周鸿祎、万通的冯仑以及新东方的俞敏洪就是其中的佼佼者。他们不但在自己的行业中取得了显著的成就，而且在网络世界中也拥有了大量的粉丝和影响力。

周鸿祎是2024年元旦才开始做短视频和直播，利用人工智能风口，以其独特的慢动作机器人个人风格和深刻的AI行业见解，在网络上赢得了500万粉丝。最近尤其是在新能源汽车方面发力，他通过北京车展坐顶棚成为网红，通过拍卖私车与褚会长以拍卖价990万炒CP，让更多的人知道了他投资的新能源汽车哪吒。他的这种开放和透明的态度，使得他成为众多创业者和互联网从业者的偶像。

冯仑作为万通的创始人，在商业领域的成功也为其赢得了广泛的赞誉，是有名的思想家和企业领袖。他出版了《理想丰满》《野蛮生长》《扛住就是本事》等很多畅销书。最近几年，他通过短视频和直播等方式分享自己的创业经历、管理哲学，吸引了大量的粉丝和关注。他的故事和观点不仅对于创业者有启示作用，对于广大职场人士也有借鉴意义。

俞敏洪则是通过转型直播带货的方式，打造了东方甄选平台，成就了董宇辉等网红青年，也让自己成为网络上的红人。他利用自己的影响力和资源，去全国打卡旅游胜地，成立了新东方文旅集团。他自驾游西藏直播了21天，让很多人跟随他的脚步走进西藏，为新东方的发展开辟了新的道路。他的这种勇于尝试、敢于创新的精神，也赢得了广大网友的尊重和喜爱。

这些企业家当网红的现象，反映了当代社会对于个人品牌和影响力的重视。通过在网络世界中展示自己的才华和魅力，这些企业家不仅能够提升自己的知名度和影响力，还能够为自己的企业带来更多的曝光和机会。同时，他们也能够通过分享自己的经验和观点，影响和激励更多的人去追求自己的梦想。

然而，企业家当网红也存在一些挑战和风险。首先，他们需要保持自己的形象和声誉，避免出现负面新闻和言论。其次，他们需要保持与粉丝的互动和联系，建立起稳定的粉丝群体。最后，他们还需要在经营自己个人品牌的同时，兼顾企业的发展和利益。

综上所述，企业家当网红是一种值得关注和探索的现象。它不仅能够为企业家带来更多的机会和资源，还能够为社会带来更多的正能量和启示。然而，在追求个人品牌和影响力的过程中，企业家也需要保持清醒和理智，避免走入误区和陷阱。

就目前来看，无论是名人还是网红，短视频电商直播的现状还是非常不错的。因此，金牌讲师采用短视频 + 直播电商，线上公域流量转私域，私域再转线下，线下则变现的路径，是一个不错的选择。

## 第二节　由AIGC引领的工业4.0，对于培训行业的赋能

正如人们最初眺望 Web3.0 时构想的“语义网”一样，未来的互联网应该是更加智能的互联网，它不仅能够读懂各种语义信息，还能从信息角度解放人类的生产力。即便后来区块链技术蓬勃发展改变了 Web3.0 的时代，元宇宙也展现出互联网浩瀚的未来，但内容的价值确权和虚拟空间的发展仍然需要更高效的内容生产方式，AIGC 也就凝聚了人们对于未来的期待。

### 一、生成式人工智能 AIGC 的作用及应用

生成式 AI 究竟有多么“万能”，以至于令人咋舌呢？

如果以粗放的标准来划分人类的内容生产工作，大略可以分为艺术创造性工作、设计性工作和逻辑思维性工作，而生成式 AI 在这三类均有涉猎，可以凭借强大的内容生产水平让人类产生“危机感”。

如在艺术创作领域，2023 年 3 月，我国诞生了首部 AIGC 生成的完整情节漫画。艺术家王睿利用 AIGC，以小说《元宇宙 2086》为蓝本，通过加噪点、去噪点、复原图片、作画这几个步骤，将文字转化成了可视化的内容，画面线条流畅、色彩绚烂，给人以强烈的视觉冲击，也在中国的科技艺术发展史上留下了浓墨重彩的一笔。AIGC 创作的绘画作品甚至都进入了拍卖领域。2022 年 12 月，AI 山水画的首次拍卖落下帷幕，成交价为 110 万元。该画作是百度文心一格和画家乐震文续画的陆小曼未完成的画稿（未完・待续）。

除绘画，歌曲创作领域也已经被 AIGC“入侵”，百度数字人度晓晓与龚俊数字人共同献唱的《每分每秒每天》这首歌就是 AI 出品，从作词到编曲均由 AI 创作。演唱者度晓晓也大有来头，她是国内首个可交互的虚拟偶像，除了唱歌跳舞，主持也不在话下。

在设计性工作领域，AIGC 更是大展拳脚，平面设计、3D 设计、服装设计、环境艺术设计等通通不在话下。有了 AIGC 在绘画创作中的先例，我们不难看出它在平面设计中也必然很出色。

生成式 AI 还渗透到了 3D 领域，OpenAI 的 Dream Fields 更是不需要照片就能生成 3D 模型，把“无中生有”玩得透彻，现在，生成船、花瓶、公共汽车、食物、家具等的模型都不在话下。利用 AIGC 生成 3D 模型的技术，未来，游戏、电影、虚拟现实等领域都不再需要工作人员手动进行 3D 建模了，方便、高效了许多。

在你生活的城市中，AI 说不定已经在进行市区的环境艺术设计工作了。谷歌发布过一款能帮助城市进行绿化工作的 AI 工具，人类能借助 AI 和航拍，绘制一张城市的“绿化地图”，并据此来生成绿化建议，用以解决全球变暖造成的极端高温天气问题。

在家装方面，“AI + 家装”产业也发展得如火如荼。AIGC 工具可以帮助家装设计师、从业者快速创作出设计图及方案，促进家装管理及服务智能化和精准化，推动“AI+ 家装”产业数字化应用升级；另外，引入、应用先进的智能对话技术，搭建人工智能客服服务体系，协助家装商家和用户更为及时和全面地追踪服务进度，能进一步帮助平台打造更加开放的家装内容和服务生态，提升家装体验。

绘画、影视、环境艺术、家装、代码、医药……似乎只有我们想不到，没有 AIGC 做不到的，相信未来 AIGC 将会在更多领域得以应用，给我们带来意想不到的应用效果。

## 二、当 DeepSeek 遇上 ChatGPT-4

DeepSeek 是一款大型语言模型。它拥有强大的自然语言处理能力，就像是一个聪明又懂你的助手，能够像朋友一样理解并回答问题。根据其背后的算法和数据支持，还能帮助你写代码、整理资料，甚至解决一些复杂的数学问题。提到类似的大模型，大家的第一印象或是 OpenAI 开发的 ChatGPT。从 2024 年 9 月 OpenAI 发布 o1-preview 到现在，仅仅过去不到四个月，市场上媲美甚至超越其性能的推理模型遍地开花。之所以 DeepSeek 可以从众多模型之中异军突起，是因为它不仅率先实现了媲美 OpenAI-o1 模型的效果，更是将推理模型的成本压缩到了极低。DeepSeek 最大优势在于算法的改进和优化，如果说 OpenAI 是“大力出奇迹”，那么 DeepSeek 小力也可以出奇迹。

DeepSeek 的完全开源策略不仅降低了用户的使用门槛，还促进了 AI 开发者社区的协作生态。通过开源，DeepSeek 吸引了大量开发者和研究人员的关注，他们可以在平台上自由获取和修改模型代码，共同推动 AI 技术的发展。英伟达高级研究科学家 JimFan 在其个人社交平台表示，“我们正身处这样一个历史时刻：一家非美国公司正在延续 OpenAI 最初使命——通过真正开放的前沿研究赋能全人类。”

### 1.DeepSeek 核心技术探秘

DeepSeek 手握多项“撒手锏”技术。在架构层面，对 Transformer 架构的精妙优化，使其处理自然语言时如鱼得水，高效且精准。海量文本数据的深度学习，赋予它理解与生成自然流畅语言的能力，日常闲聊、文案雕琢、专业知识问答均应对自如。尤为值得一提的是其数据处理之道。DeepSeek 深知“数据为基”，训练全程严把数据质量关，追求多样性。精心筛选、处理海量数据，让模型汲取丰富且精准知识养分，泛化能力与适应性得以拔升，为卓越性能筑牢根基。

回首其发展之路，步步坚实有力。2024 年 5 月，DeepSeek 祭出开源第二代 MoE 大模型 DeepSeek-V2，性能直逼 GPT-4 Turbo，成本却仅为 GPT-4 的百分之一，“AI 届拼多多”之名不胫而走。同年 11 月 20 日，推理模型 DeepSeek-R1-Lite 预览版上线，再次抓住业界眼球。12 月 26 日，DeepSeek-V3 首个版本同步开源上线，在多领域评测中力压主流开源模型，成本优势更是让同行望洋兴叹。迈入 2025 年，1 月 20 日，DeepSeek 重磅发布 DeepSeek-R1 模型，凭借纯深度学习让 AI 推理能力自然涌现，在数学、代码、自然语言推理等任务上表现与 OpenAI 的 o1 模型正式版难分伯仲，训练成本却仅 560 万美元，此消息如一颗石子投入全球 AI 湖面，激起千层浪。

2.DeepSeek 三大制胜优势

（1）性能卓越，独领风骚

DeepSeek 于各类测试中屡创佳绩，尽显超强语言理解实力。在自然语言处理的“考场”——GLUE 基准测试中，它一骑绝尘，得分碾压诸多同类，将昔日标杆模型甩在身后。语言生成更是拿手好戏，创作故事时，情节跌宕起伏、扣人心弦；撰写论文，逻辑严谨、论述精辟；编写代码注释，清晰明了、切中要点，生成内容质量之高，常让人难辨人机。推理能力更是 DeepSeek 的高光领域。面对复杂数学难题、烧脑逻辑推理，它思维敏捷、答案精准，推理步骤一目了然。如解多层推理数学竞赛题，DeepSeek-R1 瞬间剖析关键，精准推导答案；反观部分主流模型，要么耗时良久，要么错漏百出。代码生成任务里，它产出的代码语法正确、结构精巧、可读性强，可直接嵌入实际项目，为开发效率插上翅膀。

（2）成本优势，普惠行业

技术创新为 DeepSeek 开辟成本“蓝海”。混合专家（MoE）与多头潜在注意力（MLA）技术双剑合璧，让模型运行时仅激活部分参数，却无损高性能，大幅削减计算资源消耗。训练环节，通过优化数据处理流水线，存储与传输成本大幅缩水。这一成本优势对 AI 行业影响深远。于企业与开发者，此前主流模型高额成本如高耸门槛，令众多小型企业、个人开发者望门兴叹；DeepSeek 降临，成本壁垒崩塌，创新与业务拓展大门敞开。于行业宏观视角，成本下行如东风，助推 AI 技术在多领域落地生根，加速各行各业数字化转型步伐。对终端用户，

DeepSeek 低成本意味着高性价比。个人与企业用户既能畅享高质量 AI 服务，又无需承受高昂开支。AI 自此走出大型企业“深闺”，步入寻常百姓家。

（3）开源领航，聚智创新

开源，是 AI 发展的“助推器”。它冲破技术藩篱，汇聚全球开发者智慧，搭建起 AI 技术创新的“地球村”。代码、数据、经验在此自由流动，合力推动 AI 技术巨轮滚滚向前。DeepSeek 开源战略为 AI 社区注入蓬勃活力。自开源号角吹响，开发者纷至沓来，社区热度直线飙升。GitHub 等平台上，DeepSeek 项目星标、Fork 量爆棚，开发者踊跃提交代码、谏言献策，为模型优化添砖加瓦。诸多实用应用与工具基于 DeepSeek 开源代码孵化，持续拓展应用边界。同时，开源成为 DeepSeek 持续进化“永动机”。它汲取社区智慧，借开发者思路完善技术，在自我优化、竞争力提升之路上大步迈进，携手全球开发者共绘 AI 未来蓝图。DeepSeek 宛如 AI 苍穹中一颗冉冉升起的新星，以卓越性能、成本优势与开源胸怀，重塑行业格局，点亮科技未来，未来必将在 AI 长河中留下浓墨重彩的篇章。

3.DeepSeek：应用场景和价值

当今数字化浪潮中，DeepSeek 宛如一颗闪耀的多面宝石，在各个关键领域熠熠生辉，深度重塑着人们的工作与生活方式。DeepSeek 有很多潜在的应用场景和价值。例如，DeepSeek 可以作为一个智能助理帮助用户完成各种日常任务，如预订酒店、查询天气、安排行程等。 DeepSeek 也可以作为一个教育工具，帮助用户学习新的知识和技能，如学习外语、编程、数学等。DeepSeek 还可以作为一个娱乐工具，帮助用户消遣和放松，如讲故事、说笑话、唱歌等。除此之外，DeepSeek 还可以用于其他专业领域。例如，它可以用于自然语言处理的研究，探索人类语言的本质和结构。

（1）内容创作：灵感与品质的双提升

于内容创作者而言，DeepSeek 是开启创意之门的神奇钥匙。当构思一篇剖析科技发展对生活深远影响的雄文时，它能在瞬间从海量知识宝库中精准撷取前沿案例、权威数据及犀利观点，助力创作者搭建起坚实的文章骨架。不仅如此，它还能依据创作者独有的行文风格，细腻雕琢文字，让每一句话都流淌着创作者的韵味，无论是犀利深刻的议论文，还是清新隽永的散文，DeepSeek 都能拿捏精准。创作诗歌更是它的拿手好戏，深谙韵律与意境之道的它，为诗人输送恰如其分的华丽辞藻与灵动表达，让诗意在字里行间满溢。自媒体从业者借助 DeepSeek，创作时长大幅缩短，原本漫漫数小时的“难产”过程，如今在其助力下高效收官，精品佳作频出，粉丝量与阅读量随之水涨船高。

（2）智能客服：企业服务的贴心护盾

商业竞争的战场上，DeepSeek 化身企业客服部门的坚实后盾。面对客户纷至沓来的咨询，无论是产品特性的刨根问底，还是售后维修的琐碎难题，乃至技术原理的深度探寻，DeepSeek 都能以毫秒级的速度给出精准回应。它依托对海量客户交互数据的深度学习，精准洞悉客户意图，提供贴心的个性化服务。当客户对某电子产品的操作一脸茫然时，DeepSeek 不仅会奉上详细的步骤指南，还会依据客户使用场景贴心附赠实用小贴士，如户外强光下的屏幕亮度调节技巧等。企业引入 DeepSeek 智能客服后，客服人员得以从重复繁琐的问答中解脱，将精力投入更具价值的客户关系维护，客户投诉率显著降低，品牌美誉度扶摇直上。

（3）教育辅助：师生成长的智慧阶梯

校园里，DeepSeek 是莘莘学子与辛勤园丁的得力伙伴。学生在知识的海洋中迷失方向时，DeepSeek 宛如灯塔，为他们照亮前行的路。数学的复杂公式推导、物理的抽象原理阐释、历史长河中的关键节点剖析、语文诗词的精妙赏析，它都能深入浅出地讲解。还能根据学生的学习进度与薄弱环节，量身定制学习资料，如为英语备考学生呈上词汇速记妙法、语法实战演练及真题深度解析。教师在教学设计时，DeepSeek 则是灵感源泉，辅助规划教学蓝图，丰富教学案例库，让课堂从枯燥说教变身趣味知识盛宴，教学成效显著提升。

多元拓展：跨界赋能的无限可能医疗领域 。DeepSeek 是医生的“第二大脑”，辅助诊断疑难病症。通过深度分析患者病历、症状表现及检查结果，它能快速梳理出潜在疾病线索，为精准诊断添翼；在药物研发中，它能对数以亿计的医学数据抽丝剥茧，锁定潜在药物靶点，加速新药诞生。金融市场，DeepSeek 变身投资智囊，剖析市场风云变幻，评估项目风险收益，为投资者拨开迷雾；还能化身智能投顾，依投资者风险偏好与目标定制投资组合，护航财富增值。设计天地，DeepSeek 是创意缪斯，平面设计中生成多元风格草图，室内设计里提供空间布局巧思，激发设计师无限灵感。DeepSeek 凭借卓越性能，跨越行业边界，成为推动各领域发展的关键力量，持续书写智能时代的传奇篇章。

4.DeepSeek 的高效使用技巧

（1）精准提问，直击要害

与 DeepSeek 交流时，精准度是关键。若你渴望一份专属旅游攻略，别只含糊抛出“写一篇旅游攻略”，而应细化需求：“我计划奔赴云南，畅享七日之旅，预算 5000 元，钟情自然风光与当地特色美食，烦请拟定详细攻略，涵盖每日行程、交通枢纽、舌尖推荐及住宿佳选”。如此一来，DeepSeek 便能精准定位，呈上贴合心意的方案。此外，添些引导话术，如“从创新视角剖析”“比对不同路径优劣”，它便能给出更具深度、靶向明确的回应，让交流卓有成效。

（2）巧用指令，掌控输出

DeepSeek 对高级指令高度兼容，善用指令可大幅提升体验。需结构化呈现项目报告？一道指令“请以表格呈现项目进度、成果与问题”，它便能条理清晰地整理内容，助你一目了然掌握关键。若追求特定风格，如为产品撰写幽默推广文案，指令“用幽默诙谐笔触，为 [ 产品名称 ] 打造推广文案，突显独特卖点”一下达，合意文案随即而来。通过指定格式、风格、篇幅，你便能像指挥家一样，驾驭 DeepSeek 的输出节奏。

（3）多轮对话，渐入佳境

多轮对话是 DeepSeek 理解复杂问题的秘钥。开启对话要有连贯性与逻辑性，比如策划线上营销活动，首轮“帮我构思初步方案”，获方案后二轮跟进“此方案潜在风险几何，如何化解”，依此逐步深挖，DeepSeek 依托上下文，精准把握意图，给出完备解答。适时总结前轮内容，引导进入新讨论点，能让交流顺滑高效。

（4）协同工具，创意倍增

DeepSeek 与其他工具协同，能碰撞出奇妙火花。办公场景中，它与 WPS、Excel 联动，先用 DeepSeek 生成报告文本，再导入软件排版、处理数据，效率倍增。绘图领域亦如此，构思海报时，先让 DeepSeek 依主题生成创意描述、元素建议，再借 Adobe Photoshop 等软件将灵感具象化，让设计兼具高效与创意。

## 三、国产 ChatGPT 大模型及教育培训常见工具

大模型，顾名思义，是指参数规模较大的预训练模型。这些模型通常具有数十亿甚至数千亿个参数，并需要在大量硬件资源上进行训练。通过对数据进行分布式表示，大模型能够捕捉到数据中的复杂关系，从而提高在各种任务中的泛化能力。自从 ChatGPT 火热出圈，由生成式 AI 掀起的全球人工智能新浪潮就拉开了序幕，百度的文心一言、科大讯飞的讯飞星火、抖音的“云雀”、百川智能的“百川大模型”、阿里的通义千问和 360 智脑等国产 ChatGPT 大模型如雨后春笋般涌现。

### 1. 中国大模型的分类

在中国，大模型的发展呈现出多样化的趋势，可以根据其应用场景、技术特点等进行分类。以下是几种主要的分类方式。

（1）基础通用型大模型

这类大模型具有广泛的应用范围，能够处理各种自然语言处理任务。它们通常基于大规模的语料库进行训练，具有强大的语义理解和生成能力。例如，文心一言就是一个典型的基础通用型大模型，它能够理解用户的输入并生成相应的回答或文本。

（2）垂直领域型大模型

与基础通用型大模型不同，垂直领域型大模型针对特定的行业或领域进行深

度优化和定制。它们能够更准确地理解该领域的专业术语和知识，从而提供更加精准的回答和解决方案。例如，百川大模型就是一个针对金融领域的垂直型大模型，能够提供专业的金融咨询和服务。

（3）跨模态型大模型

跨模态型大模型能够处理不同模态的数据，如文本、图像、语音等。它们能够实现跨模态的语义理解和生成，为用户提供更加丰富的交互体验。例如，一些先进的大模型不仅能够理解文字，还能够根据文字生成相应的图像或语音。

2. 常见国产 ChatGPT 大模型介绍

在 2023 百度世界大会上，百度正式对外发布了文心大模型 4.0 版本。文心大模型 4.0 版本在理解、生成、逻辑、记忆等能力上都有提升，综合水平与 ChatGPT4 相当。百度文心一言（ERNIE Bot）是百度基于文心大模型技术推出的生成式对话产品，文心大模型是百度自主研发的产业级知识增强大模型，既包含基础通用的大模型，也包含面向重点任务领域和行业的大模型，以及丰富的工具与平台，支撑企业与开发者进行高效便捷的应用开发。

（1）百度文心一言

文心一言是百度推出的一个基础通用型大模型。它基于深度学习技术，拥有强大的语义理解和生成能力。文心一言可以应用于智能客服、智能问答等多个领域，帮助用户快速获取信息和解决问题。文心一言，作为百度推出的中文对话式 AI 语言模型于 2023 年 3 月 16 日正式亮相便迅速引起业界广泛关注。与 ChatGPT 同属深度学习技术范畴，文心一言具备理解和生成自然语言的能力。通过与用户进行对话式交互，它不仅能够创作文章、故事等丰富的文本内容，还支持智能问答、翻译等多功能应用。

文心一言旨在为各类企业提供强大的自然语言处理能力。在开放 API 调用服务试验阶段，吸引了超过 70 000 家企业加入其生态圈，涉及金融、能源、媒体、政务等众多行业。在发布会上，李彦宏表示，文心一言是一个通用赋能平台，可助力各企业拉近与客户的距离，创造巨大商业价值。随着中国人工智能市场的爆发式增长，文心一言有望成为企业数字化转型的重要工具。

文心一言之所以独具优势，是因为它对中文语境有深刻理解。它能迅速生成中文文本内容，理解用户意图，提供精准的回答。此外，文心一言还能与互联网打通，通过互联网的即时数据更好地回答问题。从这一点上讲，文心一言不应该算是国产的 ChatGPT 而应是国产的“New Bing”。随着越来越多的用户参与到文心一言的测试中并为其提供更多有效的训练数据和反馈，文心一言将不断升级。

总之，文心一言是一款极具潜力的中文人工智能大型语言模型。尽管在与 ChatGPT 等大型语言模型的比较中仍需进一步完善，但在更多用户的参与和百度在人工智能领域的长期投入下，文心一言最有望成为中国人工智能市场的领先产品。

（2）科大讯飞星火

讯飞星火是科大讯飞推出的一款大模型。它注重在多个领域进行落地应用，如教育、办公、汽车等。讯飞星火不仅具备强大的语义处理能力，还结合了科大讯飞在语音技术方面的优势，为用户提供了更加便捷的交互方式。

学习培训，作为个人成长和职业发展的重要途径，一直以来都受到广泛关注。然而，传统的学习方式往往受限于时间和空间的限制，难以满足不同人群的学习需求。讯飞星火大模型的推出，为学习培训提供了新的可能性。

首先，讯飞星火大模型在语义处理方面展现出卓越的能力。它通过对海量数据进行学习和分析，能够准确理解用户的意图和需求。在学习培训中，这意味着用户可以通过自然语言与模型进行交互，获取所需的知识和信息。无论是查询学习资料、解答疑惑还是制订学习计划，讯飞星火都能提供精准、高效的响应。

其次，讯飞星火大模型结合了科大讯飞在语音技术方面的优势，为用户提供了更加便捷的交互方式。用户可以通过语音输入与模型进行交流，无须手动输入文字，大大提高了学习效率。同时，语音交互也更具自然性和实时性，使用户能够更轻松地表达自己的想法和需求。

在学习培训的具体应用中，讯飞星火大模型可以发挥重要作用。例如，它可以作为智能学习助手，为用户提供个性化的学习建议和资源推荐；还可以作为智能辅导老师，针对用户的学习进度和难点进行精准指导；此外，它还可以应用于在线教育和职业培训等领域，为广大学员提供更加便捷、高效的学习体验。

值得一提的是，讯飞星火大模型还具有强大的扩展性和适应性。它可以与各种学习平台和工具进行集成，为用户提供一站式的学习服务。同时，随着技术的不断进步和数据的不断积累，讯飞星火的学习能力和应用能力也将不断提升，为用户带来更加智能化的学习体验。

（3）华为盘古大模型

华为盘古大模型是一个超大规模的语言模型，具备强大的语言理解能力、多模态知识理解、高效的生成能力以及多语言支持。这使得它能够理解复杂语言规律，掌握自然语言文本的含义和逻辑关系，并融合多种模态的知识，包括文本、图像、语音、视频等，从而更全面地理解各种信息。此外，盘古大模型还能生成高质量的文本、图像、语音等，满足多种应用场景的需求。这使得盘古大模型在各个领域都具备了广泛的应用潜力，无论是自然语言处理、图像识别，还是智能推荐、自动驾驶等，都能发挥出其独特的优势。

在自然语言处理方面，盘古大模型能够准确理解人类语言的含义和上下文，实现精准的语义分析和情感分析。这使得它在智能客服、机器翻译等领域具有广泛的应用价值。同时，盘古大模型还能根据用户的需求和偏好，生成高质量的文本内容，为创作领域注入了新的活力。在计算机视觉领域，盘古大模型也展现出了强大的实力。通过对大量图像和视频数据的学习，模型能够准确识别出各种物体和场景，实现高效的图像分类、目标检测等任务。这为智能安防、自动驾驶等领域提供了有力的技术支持。

在教育培训领域，华为盘古大模型的价值体现尤为突出。首先，它可以作为教师助手，协助教师完成备课、授课等工作。通过理解自然语言文本，盘古大模型能够为教师提供丰富的教学资源和建议，帮助教师更好地制订教学计划和提高教学效果。其次，盘古大模型可以作为学习工具，帮助学生提高学习效率和成绩。学生可以利用盘古大模型进行自主学习和在线答疑，解决学习中的困难和问题。最后，盘古大模型还可以为教育培训机构提供个性化教学服务，根据学生的学习情况和需求，制订针对性的教学计划，提升教学效果。

华为盘古大模型凭借其高效性、泛化性、稳定性以及强大的语言理解和生成能力，在教育培训领域具有广泛的应用前景和巨大的价值潜力。随着技术的不断发展和完善，相信盘古大模型将为教育培训行业带来更多的创新和突破。

3. 大模型的应用领域

国产 ChatGPT 大模型在多个领域展现出了广泛的应用前景。以下是一些主要的应用领域。

（1）智能客服

大模型在智能客服领域的应用已经越来越广泛。通过生成具有上下文语义的回复，大模型能够提高客户体验和解决问题的效率。无论是电商平台的在线客服还是银行的智能语音助手，大模型都发挥着重要作用。

（2）智能问答

在智能问答领域，大模型能够根据用户提问的问题生成最符合问题意图的回答。这种应用方式不仅提高了问答系统的准确性和效率，还使得用户能够更加方便地获取所需的信息。

（3）内容创作

大模型在内容创作方面也有着广泛的应用。无论是新闻报道、小说创作还是广告文案，大模型都能够根据用户的需求生成高质量的文本内容。这不仅提高了创作效率，还使得内容更加丰富和多样化。

（4）教育领域

在教育领域，大模型可以辅助教师进行课程设计和教学资源的制作。同时，它还可以为学生提供个性化的学习建议和辅导，帮助他们更好地掌握知识和技能。

（5）金融领域

金融领域是大模型应用的重要场景之一。通过处理和分析大量的金融数据，大模型能够提供精准的金融咨询和风险评估服务。这对于金融机构和投资者来说具有重要意义。

总之，国产 ChatGPT 大模型的发展已经取得了显著的成果，并在多个领域展现出了广泛的应用前景。随着技术的不断进步和应用场景的不断拓展，我们有理由相信，国产 ChatGPT 大模型将在未来发挥更加重要的作用。

综上所述，国产 ChatGPT 大模型作为人工智能领域的重要分支，正逐渐改变着我们的生活方式。通过对其分类、常见模型以及应用领域的探讨，我们可以更加深入地了解这一技术的特点和优势。在未来的发展中，我们有理由相信国产 ChatGPT 大模型将为我们带来更多的惊喜和可能性。

## 四、AIGC 助力元宇宙和 Web3.0

元宇宙与 Web3.0 的未来近在眼前，而 AIGC 作为全新的内容生产方式无疑能为这些美好的图景注入新的活力。本节将对 AIGC 如何助力元宇宙和 Web3.0 展开诸多畅想与探讨。

### 1.AIGC 在元宇宙方向的应用

起源于 1992 年科幻小说《雪崩》的“元宇宙”概念，在 2021 年伴随着 Roblox 的上市和“Facebook 更名为 Meta”两大事件掀起了前所未有的科技热潮。人们迫切希望打造一个与现实世界相平行、高度沉浸化的虚拟世界。这样一个“世界级”的工程项目，单靠人力创作可能难以做到尽善尽美，而 AIGC 的介入则可能大幅提升元宇宙的构建效率。

（1）虚拟形象

就像《头号玩家》《失控玩家》等描绘元宇宙蓝图的科幻电影中表现的一样，每个人都需要通过自己的虚拟化身接入元宇宙之中。过去，人们想要生成这样的虚拟化身，大多是依靠系统内置好的几种模型，通过调整不同的五官、身材、服装等搭配方式来生成属于自己的虚拟化身。

从用户角度来看，这种生成方式不仅十分烦琐，而且也很难定向生成一些与自己真实形象相关联的特征，甚至一不小心还可能和其他人撞形象，难以凸显个人的独特性。而从开发者的角度来看，想要生成足够多的虚拟化身不但费时费力，而且也难以生成让大多数用户满意的化身形象。

（2）虚拟物品

在元宇宙世界，除了虚拟化身，还有许多各式各样的虚拟物品。不少元宇宙选择同时利用 PGC 和 UGC 的方式来丰富这些模型，无论是专业机构还是感兴趣的个人，都可以借助官方提供的编辑器来创作各种类型的 3D 物品模型，或者在创作好 3D 物品模型后导入元宇宙世界。除了 PGC 和 UGC，虚拟物品的生成在未来同样可以借助 AIGC 来实现。

例如，2022 年 9 月底，谷歌就发布了文本生成 3D 模型的工具 DreamFusion，而在此之后不久，英伟达也推出了类似工具 Madic3D，并将 DreamFusion 视为直接对标，在生成速度和分辨率上都实现了一定程度的提升。这些由文字生成的模型除了可以通过文本输入自动渲染 3D 模型，还可以提供额外的提示语对原有的模型进行修改、编辑。而在 2022 年 12 月，OpenAI 也推出了自己的文本生成 3D 模型的工具 Point−E。虽然该模型采用点云模型的生成方式，不能直接生成渲染完毕的 3D 模型，但它的生成速度可以达到谷歌 DreamFusion 的数百倍。

如果未来能将这些模型大规模落地推广并应用于元宇宙中，可以大大提高虚拟物品的生成效率。

（3）虚拟场景

对于元宇宙来说，最重要的就是沉浸式的场景体验。而一个完善的元宇宙场景，可能不仅包括各式各样的虚拟物品，还包括场景内的背景音乐、与部分物品之间的交互效果等。对于背景音乐，可以利用 AIGC 进行音频生成；对于交互效果，也可以利用 AIGC 进行相关代码的生成。除了这种通过拼接不同类型元素的元宇宙场景生成，整个元宇宙场景中的每个元素，在未来可能都将使用 AIGC 去构建。

例如，Meta 在 2022 年年初就公布了 AIGC 生成元宇宙场景的概念系统“BuilderBot”，用户在元宇宙中只要通过语音说出自己想要的环境，周围的虚拟空间就会自动生成相应的场景。在 MetaAI 公示的 Demo 中，用户说出“带我们去公园吧”，周围的环境就变成了公园；当用户说出“天上来一些云吧”，天上就会生成许多白云。如果未来能够广泛地实现这种形式的 AIGC，将大大降低元宇宙场景的创作门槛，元宇宙的场景也能变得更丰富更多样。

2.AIGC 在 Web3.0 方向的应用

这里的 Web3.0 主要指基于区块链技术所构建的价值互联网。在 Web3.0 中，用户可以借助 NFT（Non-Fungible Token，非同质化代币）将自己的创作物添加至代币链上，来确认自己对于创作物的创作权益。结合 NFT 的这一特质，AIGC 在 Web3.0 方向也可以有诸多有趣的应用。

## 五、DeepSeek 颠覆传统教育培训模式

1.AI 开启个性化教育时代

AI 圈科技界的蒸蒸日上，换来的却是教育界的瑟瑟发抖。在 OpenAI 发布会上公布的视频中，可汗学院的创始人 SAI Khan 和他的儿子一起体验了 GPT-4o 的数学解题能力。从视频中可以看到，GPT-4o 非常耐心地通过实时语音一步一步引导孩子解答这道三角形题目。当孩子回答错误的时候，GPT-4o 首先肯定他的答案非常接近，然后再引导调动知识，得出最终的答案。

很多人都觉得，继翻译之后，AI 淘汰的下一个职业可能是教师。一直以来，像教师这样的需要人与人之间互动的职业通常被认为是最难被 AI 取代的职业。但是 DeepSeek 的出现，可能真的会颠覆传统的教育方式，甚至刷新我们对教师这一职业的思考。

孩子应该从书山题海中解放出来，不需要通过机械化刷题去取得高分，不再

重视刷题量和做题速度。而是进行深度思考和慢思考，重视思维的广度和深度，去培养孩子的文学素养、思辨能力等 AI 无法替代的能力。

人工智能的迭代升级速度越来越快，这对人类这一人工智能的使用者要求也越来越高。人类从无意义的内卷中解放出来，才能够在思维和认知上有更大的进步。

### 2.AI 颠覆传统教育

如今我们的孩子依然被束缚在“唯成绩论”的怪圈中。由于学生选拔体系依然以分数为核心，大部分家长就逃不出对于知识、成绩的无限内卷。通过填鸭式教学，每天都要刷大量的题目，背大量的书，不停地压榨孩子的休息时间以求得高分。在人工智能时代，卷分数已经毫无意义。如果我们依然按照老套路培养孩子，只重视知识的学习，而不重视能力的培养，那么他们最终只会面临被人工智能淘汰的危机。

在传统教学中，一个老师面向数十名学生进行教学，教学的内容依据大纲进行，老师讲解知识，学生刷着同样的题，每个学生的学习进度大致相同。这样的教育方式模糊了不同学生认知之间的差异，而且效率非常低。因为传统模式的教育对于资优生来说是拖后腿的，但对于部分晚慧学生来说是超前的。

传统教学无法实现的有教无类、因材施教，DeepSeek 却可以通过引导不同认知水平的孩子理解知识，真正做到个性化学习。而且从目前测试的效果来看，AI 老师具备情绪感知和反馈能力，能够给予孩子正向反馈和情感支持。这一点在传统大班课上也是难以实现的，毕竟老师在面对几十人的情况下，很难发现不同孩子的学习情绪。

在未来，AI 可以通过提供知识学习，让孩子从知识层面解放出来，用更多时间进行更多的思维、能力、价值观层面的学习。GPT-4o 的诞生可能是距离传统教育被颠覆最近的时候，也是我们审视教育和人才培养的最佳时机。

### 3. 鸡娃之路已经被 AI 堵死了

DeepSeek 改变的不仅仅是教育方式，对社会人才需求也会带来根本性变革。不同时代对人才的培养方式是不同的。在过去几十年，拥有一个名校学历就可以拿到金饭碗，前途无量。但是新技术的出现对社会的人才需求造成了颠覆性的影响。

可以肯定的是，人工智能时代人才竞争的核心一定不是比谁的知识面广，谁数学题算得快，谁把课本记得牢。人工智能时代，知识的获取是免费且高效的，只要问一下 AI，它就会告诉你所有的答案，所有人都可以借助 AI 来弥补知识面的不足。

AI 的运算能力也远超普通人。不仅算得快，而且算得更准，还自带检验结果功能，不用担心算错。所以说，单纯靠背公式、背答案的应试教育出来的孩子已经无法应对未来的挑战，因为再怎么刷题、背诵也比不过 AI。人工智能时代，未来人类不缺知识，缺的是对知识运用的能力和批判性思维。

很显然，这是更符合 AI 时代的学习。因为有了 AI 的助攻，很多东西不需要我们记忆，只需要知道在什么时候，遇到什么情况，该去问 AI 什么问题，寻找怎样的帮助。其中的关键就是要知道问题所在，具备解决问题的思路。我们不希望学生死记硬背知识，就要将重点放在技术工具的实践和应用上，为孩子们提供百度 AI、科大讯飞、亚马逊云科技等平台工具，让他们在这些前沿平台上奔走，熟练掌握 AI 工具，为自己的生活和工作赋能，创造出自己人生的精彩作品！

## 六、AIGC 赋能教育培训行业

面对互联网内容生产效率提升的迫切需求，人们突发奇想，是否能够利用人工 智能去辅助内容生产呢？ 这种继 PGC、UGC 之后形成的、完全由人工智能生成内容的创作形式被称为 AIGC。AIGC 可以通过以下几种方式赋能培训行业。

1. 优化生产内容

AIGC 技术可以帮助教育工作者优化生产内容，提高教学质量和效率。例如，利用 AIGC 技术，教师可以快速准确地了解学生的学习进度和需求，从而更好地定制和优化教学内容，提高教学效果。

2. 辅助教师工作

AIGC 技术可以帮助教师更好地完成教学任务。例如，AIGC 可以代替真人出镜进行课程录制，节省时间和人力成本，提高教学效率。同时，AIGC 技术也可以帮助教师进行课后辅导解答，更好地满足学生的学习需求。

3. 升级课程内容

随着 AIGC 技术的发展，教育培训机构需要不断升级课程内容，增加技术应用方面的内容，以满足学生的需求。例如，可以引入人工智能技术，让学生更好地了解和应用人工智能技术，提高他们的技能水平。

4. 促进教育资源共享

AIGC 技术可以帮助教育培训机构之间共享教育资源，提高教育资源的效率和利用率。例如，可以通过 AIGC 技术建立共享平台，让不同的机构可以共享彼此的教育资源，提高资源的利用效率。

5. 重塑行业格局

AIGC 技术的应用将对整个教育培训行业的格局产生影响，有些机构可能会退出市场，而其他机构则可以借助 AIGC 技术不断发展壮大。例如，一些传统的培训机构可能会因为人工智能技术的应用而面临转型或者升级的压力，而一些新兴的教育培训机构则可能因为人工智能技术的应用而得到更好的发展机遇。

总之，AIGC 技术的应用将为培训行业带来许多机遇和挑战。未来，教育培训机构需要不断升级课程内容、提高教学质量和效率、促进教育资源共享、重塑行业格局等措施，才能更好地适应时代的变化，为学生的发展提供更好的服务。

# 第三节　AIGC在教育培训中的应用

生成式人工智能 AIGC 是指具有自主生成新内容能力的人工智能系统。它通过机器学习和深度神经网络等技术手段，能够自动地生成新的、有创造性的内容，包括文字、音乐、图像等。具有启发性内容生成能力、对话情境理解能力、序列任务执行能力、程序语言解析能力等，生成式人工智能在教育领域具有重要的应用意义。

## 一、AIGC 赋能培训内容创作四大模态

### 1.AIGC 文本生成技术的落地

2014 年，在洛杉矶地震发生 3 分钟后，《洛杉矶时报》就立即发表了一篇相关报道。《洛杉矶时报》之所以能够在这么短的时间内完成这一创作壮举，是因为公司早在 2011 年就开始研发名为“Quakebot”的自动化新闻生成机器人，它可以根据美国地质调查局产生的数据自动撰写文章。这些新闻媒体机构最初撰稿借助的 AI 工具大多是外部采购的，而在智能创作时代的背景下，许多媒体机构已经开发了内部 AI，比如英国广播公司（BBC）的“Juicer”、《华盛顿邮报》的“Heliograf ”，而彭博社发布的内容有近 1/3 是由一个叫“Cyborg”的系统生成的。

中国媒体在 AI 撰稿领域也有相关尝试。例如，2016 年 5 月，当四川绵阳发生 4.3 级地震时，中国地震台网开发的地震信息播报机器人在 6 秒内写出了 560 字的快速报道；2017 年 8 月，当四川省阿坝州九寨沟县发生 7.0 级地震时，该机器人不仅实地撰写了有关地震发生地及周边的人口聚集情况、地形地理特征、当地地震发生历史及发生时的天气情况等基本信息，还配有 5 张图片，全程不超过 25 秒；在后续的余震报道中，该机器人的最快发布速度仅为 5 秒。

同时，AI 在体育快讯报道、公司年报数据、股市信息等领域具有较大优势。国内许多知名媒体旗下都有这种类型的 AI 小编，包括新华社的“快笔小新”、第一财经的“DT 稿王”、《南方都市报》的“小南”、封面新闻的“小封”、腾讯财

经的“Dreamwriter”，以及今日头条的“Xiaomingbot”等。

AIGC文本生成技术场景可以分为交互式和非交互式，交互式文本是在一个上下文中进行文本交互，非交互式文本则是基于结构化数据，在特定场景下生成结构化文本内容；还可以立足在相对结构化的文本上，创作出开放度和自由度更高的文本内容。

AIGC技术将会改变数字内容生产模式。AIGC技术可以在短时间内生产大量高质量的内容，从而满足用户对内容的需求。此外，AIGC技术还可以为数字内容生产者提供创新和创意，从而使内容更加丰富和有趣。因此，AIGC技术在数字内容生产领域有着巨大的潜力和应用前景。

2.AIGC图像生成技术的优化

2022年下半年，AI绘图无疑成为热门应用，不少人都乐此不疲地在自己的朋友圈分享各种形式的AI绘画作品。

当被问及周围最早一批使用AI绘画软件的用户为什么喜欢AI绘画时，有人这样回答道：“我小时候就喜欢画画，但天赋实在有限，家里觉得既然走不了艺考还是好好学习更重要，就没有花太多精力在上面。但现在，AI绘画实现了我曾经的梦想。”曾经，那些出于各种各样原因放弃绘画或没有学绘画的人，在这个时代也能仅凭输入几个词语、一段文字，就能得到一幅还不错的绘画作品。

从参与感与可玩度来看，AI绘画大致可以分为三类：借助文字描述生成图像、借助已有图像生成新图像，以及两者的结合版。目前，AIGC在图像生成方面有两种最成熟的落地使用场景：图像编辑工具与图像自主生成。图像编辑工具的功能包括去除水印、提高分辨率、特定滤镜等。图像自主生成其实就是近期兴起的AI绘画，包括创意图像生成（随机或按照特定属性生成画作）与功能性图像生成（生成logo、模特图、营销海报等）。

在前面介绍AIGC的模型发展时，谈到了模型的升级和进化对AIGC生成图像的多样性产生的影响，随着技术的进一步提升，AIGC生成的图像质量将会逐步提升。图像生成技术包括图像编辑、图像自主生成、2D−3D 转换等，其中图像编辑技术门槛较低，其次是由文本生成图像，最难的应该是从 2D 向 3D 的转换。

目前，市面上已有多款产品支持图像编辑。相较于图像生成任务，文本生成图像任务则包含更多元素，其生成效果仍存在不稳定性，对于要求较高的功能类图像生成还需要更完善的技术支持。

3.AIGC 音频生成技术的成熟

目前，AIGC 在音频生成领域已经相当成熟，并广泛应用于有声读物制作、语音播报、短视频配音、音乐合成等领域。AI 音频生成主要分为两种类型：语音合成与歌曲生成，这两种类型都有许多经典案例。

在语音合成领域，喜马拉雅曾采集著名评书表演艺术大师单田芳生前的演出声音，运用文本转语音（Text to Speech，简称 TTS）技术，推出单田芳声音重现版的《毛氏三兄弟》和历史类作品。在 QQ 浏览器首页的“免费小说”频道中的听书功能模块，用户也可以选择自己喜欢的 AI 语音包进行播放，语音包有六种 AI 音色可供选择：清朗男声、标准男声、软萌音、御姐音、东北女声、温柔淑女音，并且合成的语音节奏分明、情绪自然，能够很好地解放双眼。

在 OpenAI 发布的最新项目 MuseNet 中，用户可以使用 AI 生成多达 10 种乐器演奏的歌曲，甚至还可以制作多达 15 种风格的音乐，模仿莫扎特和肖邦等古典作曲家、Lady Gaga 等当代艺术家，也可以模仿电子游戏音乐等类型。

除了直接生成音乐，AI 歌曲在实际应用中常用来自动作词。“醒来灿烂的光透过了窗台，海岸线连接了那片山川大海。涌动梦境边缘像是空旷舞台，在眼前忽然展开。”看到这段文字，你的脑海中是否浮现出星河璀璨、山川河海一望无际的绚丽景象呢？这段颇具画面感和动态美的歌词正是由网易新开发的人工智能所创作的。

现阶段，从文本到语音的生成技术已经逐步成熟，语音质量也达到了自然的标准。

未来的语音生成技术会朝着更高质量的音频方向发展，从更富有感情的语音表达到为小语种服务的语音生成技术，将是未来音频生成技术优化的方向。

音乐生成需要解决的难点是音乐数据难以标注的问题，数据标注以其颗粒度大小影响音乐生成的可控性。若可控性得以解决，则可以指定风格、情绪等元素来生成音乐，应用于影视、游戏等场景中。

4.AIGC 视频生成技术的潜力

春节期间，杭州新闻联播搞出了新花样，率先用上了 AI 数字人来播新闻。这 AI 播报不仅形象惟妙惟肖，而且播得一丝不差，真是把播音主持界震撼得不轻啊！新华社、中央广播电视总台、人民日报社等国家级媒体以及湖南卫视等省市媒体也在积极布局应用 AI 合成主播，先后推出了央视 AI 主播“AI 王冠”、湖南卫视 AI 主持人“小漾”、安徽卫视 AI 主持人“安小豚”、央视网 AI 小编“小 C”等。与“新小微”一样，这些 AI 主播在全国两会、冬季奥运会、冬季残奥会等重大活动期间被广泛应用，极大地提升了新闻产出与传播效率。

AI 主播也可以看作一种 AIGC 生成视频的应用，只不过是将生成的音频内容去对应到虚拟人的口型与动作并进行综合剪辑。2020 年 5 月，由新华社与搜狗公司联合推出的身穿蓝白正装的“新小微”第一次亮相演播室。“新小微”是全球首位 3D 版 AI 合成主播，能够像真人一样走动和转身，并摆出各种复杂动作与姿态。同时，她还在不断迭代，比如从“职业微笑”到增加了许多微表情，从单一妆发到根据播报场景变更妆发等。

视频生成技术本质上与图像生成技术相似，也是通过利用大量的训练数据来学习视频数据的特征和分布规律，然后根据这些特征和规律生成新的视频。随着深度学习等技术的进步，视频生成的质量和效果也有了显著的提高，它可以生成真实逼真的虚拟视频，并且具有较高的灵活性和可定制性。

除了刚提到的这些新兴的视频 AIGC 技术，AIGC 在视频生成方面的常见传统应用场景还包括视频属性编辑、视频自动剪辑及视频部分编辑。

视频属性编辑包括删除特定主体、生成特效、跟踪剪辑等，能够高效节省人力和时间。AI 能够通过对画面人物的动态追踪，自动搜索人物，定位关键时间节点，极大地提升剪辑效率。此外，AI 还能够去除视频的拍摄抖动，修复视频画质。

视频自动剪辑是对特定片段进行检测及合成。2020 年全国两会期间，《人民日报》创造性地推出“5G+AI”模式的新闻报道，打造的智慧平台 iMedia、iMonitor、iNews 等可以第一时间对素材进行智能处理，只需要短短几分钟，就能结合语音、人像、文字识别，从海量的视频资料中迅速生成剪辑视频片段，并自动匹配字幕。

在未来，AIGC 的视频生成技术将继续发展，预计会带来更加逼真、多样化的视频内容。随着计算机技术的进一步发展，视频生成技术将能够更加简单、高效地生成高质量的视频内容。同时，视频生成技术也有望应用于更多的领域，如教育、医疗等。

## 二、教学资源的自动生成

### 1. 备课相关任务的自动完成

生成式人工智能可以自动完成教师备课相关的任务，例如为教师提供教学大纲、教案和课件等教学资源。通过分析大量的教学资源和学习材料，生成式人工智能能够自动生成符合课程要求和学生需求的教学资源，减轻教师的工作负担，提高备课效率。

### 2. 教学资料的多模态内容生成

生成式人工智能可以生成多模态的教学资料，包括文字、图片、音频和视频等。例如，在学习英语时，生成式人工智能可以根据学生的学习内容和学习目标，生成适合学生水平和兴趣的英语文章、图片和音频资料，帮助学生提高听说读写的能力。

## 三、教师教学的智能辅助

### 1. 模拟多角色对话和回答

生成式人工智能可以扮演不同的角色，与教师进行模拟对话和回答。通过与生成式人工智能的对话，教师可以获得借鉴和指导，改进教学方法和策略。同时，生成式人工智能还可以为教师提供多样化的教学案例和实例，并帮助教师解答学生的问题和困惑。

2. 教学任务的自动生成和调整

生成式人工智能可以根据教师的教学目标和学生的学习进度，自动生成适合学生的教学任务和练习。同时，它还可以根据学生的学习情况和表现，调整和优化教学任务的难度和内容，提供个性化的学习支持和反馈。

## 四、人机协同教学效果评估及反馈

1. 教师教学总结及分析的自动化

生成式人工智能可以帮助教师自动进行教学总结和分析。通过分析学生的学习数据和表现，生成式人工智能可以帮助教师了解学生的学习情况和困难，提供合理的教学改进建议。同时，它还可以帮助教师进行教学效果的评估和反馈，提高教学质量。

2. 教学评价和学生表现的综合分析

生成式人工智能可以综合分析学生的学习情况和表现，包括学习进度、学习态度和学习成绩等。通过与学生的对话和互动，生成式人工智能可以对学生的学习态度和学习策略进行评价，并提出相应的改进建议。同时，它还可以帮助教师对学生的学习表现进行综合评估和分析，为教学提供有效的参考和依据。

## 五、AIGC 的教育应用未来

1. 预训练模型的迁移学习及微调

未来，生成式人工智能可以通过预训练模型的迁移学习和微调，提高其在教育领域的应用效果。通过在大规模数据集上进行预训练，生成式人工智能可以获得更丰富的知识和经验，进而在特定领域进行微调和优化，提供更准确、可靠的教育应用服务。

2. 教学资源的自动生成与个性化定制

未来，生成式人工智能可以进一步发展自动化教学资源的生成和个性化定制能力。通过分析学生的学习需求和兴趣，生成式人工智能可以自动生成适合学生的教学资源，提供个性化的学习体验和教学支持。同时，生成式人工智能还可以通过学习者模型和推荐系统等技术手段，为学生定制个性化的学习路径和教学内容。

3. 教学智能辅助与人机协同过程支持

未来，生成式人工智能可以进一步发展教学智能辅助和人机协同过程支持能力。通过与教师和学生的深度互动和合作，生成式人工智能可以提供更准确个性化的教学反馈和指导。它可以通过分析学生的学习数据和行为，为教师提供教学改进建议和指导，帮助教师提高教学质量和效果。

## 六、DeepSeek 在教学培训中的角色定位

DeepSeek 的各种功能和角色可以显著提高培训和教学工作的效率，节省了教师和培训人员大量的时间和精力。通过利用 DeepSeek 的快速生成和回答问题的能力，教师和培训人员可以将更多的时间投入课程设计、教学方法研究和学生辅导上面，提升整体工作效率。

DeepSeek 可以根据输入的问题和提示，提供快速准确的答案和建议，为学生和培训学员提供个性化的支持和指导。无论是学习过程中的疑问解答，还是针对个人学习需求的定制化内容，DeepSeek 都可以满足学生和培训学员的需求，促进学习和培训效果的提升。

1. 智能学习伙伴

在个性化学习方案方面，DeepSeek 可以通过分析学员的需求和兴趣，为每位学员定制学习内容和体验。例如，在教育教学中，DeepSeek 可以根据学生的

水平和兴趣，提供个性化的学习资源和建议，促进学生的主动学习。同时，我们还可以利用 DeepSeek 为学生制订合理的学习计划，并提供反馈和指导，帮助学生更好地掌握知识。

2. 课程开发助手

DeepSeek 的快速生成课程内容的功能在培训和教学中具有重要意义。在教育教学中，教师可以利用 DeepSeek 生成课程大纲、讲义和练习题，提高课程开发效率。例如，一位语文老师可以使用 DeepSeek 生成一份语文阅读课的课程大纲和相关教材，节省了编写课程材料的时间，使教学更加高效。

3. 视频制作能手

在教育教学中,视频的应用越来越广泛。DeepSeek 可以作为视频制作的助手，快速生成视频脚本和内容。例如，一位历史老师可以使用 DeepSeek 生成一段有关某个历史事件的视频脚本，然后利用视频制作软件，进行简单的剪辑和制作。通过这种方式，教师可以更加便捷地制作教学视频，增强学生的学习体验。

4. 图片设计专家

在教育教学中，配图对于提升学习的吸引力和效果起着重要作用。DeepSeek 结合 AI 图片生成软件，可以生成无版权风险的配图。例如，在一堂生物课上，教师可以使用 DeepSeek 输入相关的课程内容描述，快速生成与课程相关的无版权风险的图片，并应用于课件和教学资料中，提升学生对课程内容的理解和记忆。

5. 语言翻译高手

在教育教学中，不同语言和文化背景的学生之间的交流和理解是一个重要挑战。DeepSeek 作为语言翻译高手,可以帮助教师与学生进行跨语言的沟通和交流。例如，在一堂国际班级的教学中，教师可以利用 DeepSeek 进行实时翻译，解决语言交流的障碍，促进学生的互动和学习效果。

6. 会议记录整理专员

在教育教学工作中，会议常常是教师交流和讨论的重要场合。DeepSeek 可以作为会议记录整理专员，通过语音转录和整理会议内容，提高会议效率和工作效率。例如，在一次学校教研会议中，教师可以将会议内容语音转录，并由 DeepSeek 整理出会议要点和讨论结果，帮助教师更好地组织和应用会议成果。

# 第二章　做DeepSeek的主人，打造优质培训内容输出

## 第一节　学会与DeepSeek对话：问题的质量决定答案的质量

问题质量决定答案质量。要想有效应用 DeepSeek，问题的质量至关重要。通过明确提问目的、提供足够的背景信息、使用清晰具体的词语、分阶段提问以及追问和澄清，我们可以更好地与 DeepSeek 沟通，获得更有价值的答案。

### 一、基本原则：向 DeepSeek 提问的四大原则

在缺乏人类指导的情况下，DeepSeek 无法自主输出价值。只有当我们向 DeepSeek 下达正确的指令，正确、有效地向 DeepSeek 提出需求或问题时，我们才能获得准确的答案。向 DeepSeek 提需求或问题要遵循四大原则。

1. 信息清晰，明确表达需求

在向 DeepSeek 提出需求或问题时，要确保表述清晰，易于理解，要尽量提供详细的信息和具体的要求，避免使用模糊不清的描述，以帮助 DeepSeek 更准确地理解我们的需求或问题。

[ 不正确指令 ]

提问：请为我写一则关于可穿戴设备智能手环的广告文案。

回答：寻找一款全能的智能手环，我们的智能手环拥有各种实用的功能，可助你轻松掌握健康信息。选择我们的智能手环，为你的生活增添便捷。

[ 正确提示词 ]

提问：请为我编写一则关于 ×× 品牌健康智能手环的广告文案，突出其睡

眠监测、心率监测、运动追踪等功能，以及时尚轻薄的外观设计。文案风格轻松有趣，字数约 70 字，目标受众为注重健康生活的年轻人。

回答：健康生活从未如此时尚！ ×× 品牌健康智能手环，轻薄设计，佩戴舒适。全程监测睡眠质量、实时跟踪心率、记录运动数据，助你轻松打造健康生活。让健康与时尚同行，从 ×× 品牌健康智能手环开始！

与不正确指令相比，正确提示词交代的需求更清晰，提供了很多具体信息。为了获得更符合要求的文案，用户应提供详细的信息，如品牌名称、产品特点、文案风格、目标受众等。

2. 分阶段提出需求或问题

在向 DeepSeek 提出需求或问题时，可以分阶段进行。有时候，将需求或问题分阶段提出能帮助 DeepSeek 更好地理解我们的需求或问题。可以先从概括性的需求或问题开始，然后逐步深入，这样可以更好地引导 DeepSeek 生成我们所需要的答案。

[ 正确提示词 ]

提问：开一家成功的餐厅需要注意哪些关键因素？

回答：……选址、市场定位、产品质量与种类、内部设计与氛围员工和服务、营销策略。

提问：请问如何选择合适的西餐厅地址？

回答：选择合适的西餐厅地址需要考虑以下因素。

（1）目标受众

（2）人流量

（3）竞争情况

（4）交通便利性

（5）租金和其他开支

上述示范先从一个宽泛的问题开始，然后逐步深入，从而获得了更有针对性、更全面的答案。

3. 验证改进，验证输出信息是否准确

在向 DeepSeek 提出需求或问题时，要验证输出信息的准确性。尽管前沿的人机互动式技术已经具有相当高的准确性，但在特定领域或问题上，它可能会提供不准确或过时的信息。在应用 DeepSeek 生成的答案时，我们要对信息进行验证，以确保其准确性和可靠性。

[正确指示词]

提问：人工智能在医疗行业的应用有哪些？

回答：人工智能在医疗行业的应用有很多，包括但不限于以下方面。

（1）医学影像诊断

（2）药物研发

（3）患病风险预测……

（4）个性化治疗方案制定

用户在接收到这些信息后，查阅了相关领域的研究论文和报道发现 DeepSeek 提供的答案准确且与当前的研究趋势相符。

4. 不断反馈，持续沟通获取更优答案

在向 DeepSeek 提出需求或问题时，要持续反馈。如果 DeepSeek 生成的答案不符合我们的要求或存在问题，不要犹豫，我们可以提供具体的反馈并要求 DeepSeek 修订答案。这有助于 DeepSeek 了解需求，从而输出更优质的答案。

[不正确指令]

提问：如何提高客户满意度？

回答：提高客户满意度的方法有：提供优质的产品和服务、及时响应客户需求、主动收集和采纳客户的建议、关注客户体验等。

[正确指示词]

提问：如何降低公司的运营成本？

回答：降低公司运营成本的方法有审查支出、提高能源利用效率、优化供应链、实施远程办公、减少办公耗材浪费等。

提问：谢谢你的建议。但我想了解实施远程办公以降低成本的具体方法。

回答：实施远程办公以降低成本的具体方法包括以下内容。

（1）评估哪些职位适合远程办公

（2）为员工提供必要的技术支持

（3）制定远程办公政策和流程

（4）定期举行团队会议和进行一对一沟通

在不准确示范中，尽管用户对 GPT 给出的答案表示满意，但如果用户能够向 GPT 提供反馈并要求其给出更详细的答案，例如询问“主动收集和采纳客户的建议具体可以怎么做”，可能会收到更实用的建议。

## 二、能力培养：让 DeepSeek 回答所有问题的 5 种能力

DeepSeek 功能很强大，有效运用 DeepSeek 也需要强大的能力。这就好像计算机出现后，虽然计算机能做的事很多，但操作计算机需要一定的能力；智能化生产机器出现后，机器本身虽然能实现智能制造，但为机器编程也需要一定的能力。

要用好 DeepSeek，让 DeepSeek 答有所问，需要具备如下 5 种能力。

### 1. 逻辑思维能力

掌握逻辑思维能力是充分利用 DeepSeek 的关键。提高逻辑思维能力可以帮助我们更好地理解问题的本质，从而提出更有针对性的问题。这里的逻辑思维能力包括 2 个层面的含义。

（1）分析问题：学会从多个角度分析问题，挖掘问题的深层含义。

（2）判断优劣：在得到 DeepSeek 的回答后，能够判断其优劣，以便在必要时提出更有效的问题。

### 2. 跨领域整合思考能力

虽然 DeepSeek 具有丰富的知识储备，但我们作为用户，也应具备一定的跨

领域整合思考能力。这样，我们可以更好地理解 DeepSeek 的回答，同时也可以提出更具挑战性的问题。这里的跨领域整合思考能力包括 2 个层面的含义。

（1）涉猎广泛：积累各个领域的基本知识，以便在向 GPT 提问时有一定的基础。

（2）深入研究：对感兴趣的领域进行深入研究，提高自己在该领域的专业水平。

3. 反馈与沟通能力

与 DeepSeek 互动时，提供反馈和进行有效沟通是非常重要的。拥有反馈与沟通能力有助于有效使用 DeepSeek。这里的反馈与沟通能力包括 2 个层面的含义。

（1）提供反馈：在得到 DeepSeek 的回答后，可以对其进行评价，指出其中的优点和不足，以便 DeepSeek 能够更好地理解我们的需求。

（2）进行沟通：在向 DeepSeek 提问时，可以尝试使用多种方式进行沟通。例如，如果第一次提问没有得到满意的答案，可以尝试使用不同的表述或提问方法，以便 DeepSeek 更好地理解我们的需求。

4. 独立思考与判断能力

虽然 DeepSeek 具有丰富的知识储备和强大的解决问题的能力，但它并非是万能的。因此，我们需要具备独立思考与判断能力，以便在遇到问题时能够做出正确的决策。这里的独立思考与判断能力包括 2 个层面的含义。

（1）保持独立思考：在得到 DeepSeek 的回答后，要学会自己思考分析回答的正确性和可行性。

（2）判断信息真实性：在获取信息时，要学会判断信息的真实性，避免盲目相信 DeepSeek 的回答。

5. 持续学习的能力

要想让 DeepSeek 答有所问，我们要有主动学习的意识，需要不断地学习新的知识和技能。这里的持续学习的能力包括 3 个层面的含义。

（1）关注 DeepSeek 的更新与升级：了解 DeepSeek 的最新发展情况，以便更好地利用它。

（2）学习新技能：随着时代的发展，新的技能和知识不断涌现。我们需要不断地学习新技能，以便在与 DeepSeek 的互动中发挥出更大的价值。

（3）反思与总结：在使用 DeepSeek 的过程中，要学会反思和总结经验教训，从而不断提高自己的能力。

要想让 DeepSeek 答出自己想要获得的答案，我们需要具备逻辑思维能力、跨领域知识储备、反馈与沟通能力、独立思考与判断能力以及持续学习的能力等多方面的能力。只有这样，我们才能充分利用 DeepSeek，让它成为我们在工作、学习、生活中解决各类问题的有效工具。

## 三、答案判断：评判 DeepSeek 输出答案质量的 3 个标准

在与 DeepSeek 交流时，判断答案的质量非常重要，以确保我们获得的信息是准确的、可靠的和有用的。一定不要盲目相信 DeepSeek 的答案，要客观思考，以事实为依据，验证信息的准确性。

判断 DeepSeek 输出答案的质量，可以参考以下 3 个标准。

### 1. 确认答案是否满足需求

得到答案后，必不可少的一步是要确认答案是否满足我们的需求，即是否回答了我们的问题并提供了我们想要的信息。

［不准确指令］

提问：如何进行有效的时间管理？

回答：时间管理是一种技能，可以通过实践和学习来提升。

［正确提示词］

提问：有哪些方法可以做好时间管理？

回答：要进行有效的时间管理，你可以制订计划、设定优先级避免拖延、保持专注、合理安排休息时间等。

在不准确示范中，DeepSeek 的回答没有提供具体的时间管理方法，不能满足用户的需求。这时候要调整问题的关键词或改变提问句式，或者追问：我问的不是时间管理的概念，而是我想做好时间管理，具体该怎么做。

2. 对答案进行合理性和可靠性分析

对答案进行合理性和可靠性分析，可以帮助我们判断 DeepSeek 所提供的信息是否合理、可信，以及在实际应用中是否有效。

[ 不准确指令 ]

提问：为什么洗手很重要？

回答：洗手可以使你的手闻起来更香，从而使你心情愉悦。

[ 正确指示词 ]

提问：为什么洗手对预防疾病传播很重要？

回答：洗手对预防疾病传播很重要，因为手上的细菌、病毒和其他微生物可能在手触摸面部、食物或与他人接触的过程中传播开来，而洗手可以有效祛除手上的这些病原体。

正确示范中的答案基于公认的卫生原则，合理可靠；而错误示范中的答案没有解释洗手为什么可以预防疾病传播，因此在合理性和可靠性方面存在问题。

3. 验证答案中的事实和数据

验证答案中的事实和数据可以确保我们获得的信息是正确的，避免被错误信息误导。

[ 首次指令 ]

提问：ChatGPT-4 是什么时候正式发布的？

回答：ChatGPT-4 是在 2023 年 3 月 15 日正式发布的。

[ 重复提示词 ]

提问：ChatGPT-4 是什么时候正式发布的？

回答：ChatGPT-4 是在 2023 年 3 月 15 日正式发布的。

为了验证这个答案，我们可以查阅权威资料，确认其正确性。通过查阅权威资料，我们会发现错误示范中的日期是错误的。DeepSeek 的回答仅供参考，千万不要对其深信不疑。

## 四、评估改进：追问和澄清的 3 个技巧

在向 DeepSeek 提问时，为获得更精确、更详细的信息，采用追问和澄清的策略非常重要，相关技巧主要包括以下 3 点。

1. 对意思模糊或不完整的答案进行追问

当得到一个意思模糊或不完整的答案时，我们可以通过追问来获得更多信息。追问可以帮助我们更深入地了解问题，了解不同方面的信息。

[首次指令]

提问：如何提高我的写作技巧？

回答：要提高写作技巧，可以多阅读、多写作、参加写作课程等。

追问：那我应该读什么书呢？

回答：你可以阅读一些自己感兴趣的书。

[追问指令]

提问：如何提高我的写作技巧？

回答：要提高写作技巧，可以多阅读、多写作、参加写作课程等。

追问：能否提供一些提高写作技巧方面的具体方法和练习？

回答：当然，具体方法包括写日记，模仿优秀作品的风格进行写作练习，例如每天至少写 500 字，或者参加写作比赛等。

首次指令示范中的追问没有得到详细的回答，因为它没有明确询问在提高写作技巧方面，可以阅读哪些相关书籍。

2. 对存在误解或错误的答案进行澄清

当发现答案中存在误解或错误时，我们应立即予以纠正。澄清问题可以帮助 DeepSeek 更好地理解问题，并提供更准确的答案。

［不正确指令］

提问：AI 和 AIGC 是什么？

回答：AI 和 AIGC 是两个不同的概念……

［正确指示词］

提问：AI 和 AIGC 是什么？

回答：AI 和 AIGC 是两个不同的概念……

提问：我刚才想问的其实是，AI 和 AIGC 之间的关系是什么？

回答：AI 和 AIGC 是上下位关系，即 AIGC 是 AI 的一个子集。

AI 是指人工智能，它通过计算机技术和算法来模拟人类智能……

AIGC 则是 AI 的一个特定应用领域，是一种基于生成对抗网络（GAN）、大型预训练模型等人工智能技术的方法，通过对已有数据进行学习和模式识别……

因此，AI 和 AIGC 之间的关系是上下位关系，AIGC 是 AI 的一个子集，专门应用于自动生成相关内容的领域。

在正确示范中，用户发现自己问错了问题，导致 DeepSeek 给出了偏离自己设想的回答，于是及时澄清，重新提问。

3. 鼓励 DeepSeek 提供更多相关信息

在某些情况下，我们可能希望从 DeepSeek 那里获得更多相关信息。这时，我们可以通过鼓励 DeepSeek 针对我们关注的细节提供更多详细信息来获得更全面的回答。

［不正确指令］

提问：谁研发了 ChatGPT？

回答：ChatGPT 是由 OpenAI 研发的全新聊天机器人模型。

追问：Open AI 公司还有其他研发产品吗？

回答：OpenAI 公司除 ChatGPT，还有很多其他研发产品。

［正确指示词］

提问：谁研发了 ChatGPT？

回答：ChatGPT 是由 OpenAI 研发的全新聊天机器人模型。

追问：能详细介绍一下 ChatGPT 有什么作用吗？

回答 ChatGPT 是一种人工智能技术，可以用于各种场景，包括日常生活。以下是一些 ChatGPT 在日常生活中的用处。

语言翻译：ChatGPT 可以帮助人们进行语言翻译……

问答服务：ChatGPT 可以回答人们的问题，提供各种信息和建议……

智能客服：ChatGPT 可以作为智能客服，回答人们的问题，解决他们的问题……

个性化推荐：ChatGPT 可以根据人们的兴趣和偏好，提供个性化的推荐……

情感分析：ChatGPT 可以分析人们的情感，例如情绪……

除了在日常生活中的作用，ChatGPT 在商业领域也具有许多应用价值。

与 DeepSeek 交流时，为了获得更精确和更详细的回答，需要注意采用追问和澄清的策略。对于意思模糊或不完整的答案，要进行追问以获取更多信息；对于存在误解或错误的答案，要进行澄清以获得准确的答案；同时，鼓励 DeepSeek 提供更多相关信息，可以帮助我们了解问题的不同方面。

## 第二节 善用AI学习伴侣，DeepSeek助力讲师学习成长

无论是在职场上寻求晋升发展，在生活中追求开阔眼界，还是在学校里追求优异成绩，我们都需要不断地学习以强化自己的能力。有效驾驭 DeepSeek，我们的学习效率和成长速度将会大幅提升。DeepSeek 能帮助我们成为更优秀的自己。

### 一、检索信息：借 DeepSeek 迅速收集数据

DeepSeek 在收集检索方面的应用包括查找信息、回答问题、提供指导意见等。例如，DeepSeek 可以帮助我们快速了解某一领域的基本概念、找到实用技巧、

查询经营数据等。

### （一）实用方法

我们在用 DeepSeek 检索信息时，可以参考如下步骤。

1. 明确需求：确定我们希望从 DeepSeek 处获取的信息是什么。

2. 描述背景：提供相关背景和上下文，以便 DeepSeek 更好地理解问题。

3. 详细描述问题：尽可能具体地描述问题，可以分段提出多个问题。

4. 关键词选择：选用合适的关键词，以提升搜索效果。

5. 检查结果：核对 DeepSeek 给出的答案，确保其符合预期，并视情况改进。

### （二）常见模板

实际应用中，我们可以结合检索信息的具体场景向 DeepSeek 提出需求或问题，常见的各类场景、指令、关键词模板如下。

场景 1：获取某个基本概念

提示指令：请解释某某关键词在演讲领域中的应用 / 意义。

场景 2：获取一些实用技巧

提示指令：请提供演讲领域中实用的技巧类型。

场景 3：有问题想寻求解答

提示指令：在演讲领域中，我遇到了问题，请问如何解决?

场景 4：寻求参考文献或资料推荐

提示指令：请推荐 10 篇关于演讲主题的优秀书籍、论文或其他资源。

场景 5：询问操作步骤或流程

提示指令：请简要描述完成演讲任务所需的操作步骤或流程。

### （三）注意事项

我们在使用 DeepSeek 检测、收集数据或信息时，可能会遇到一些问题。这时，我们要注意如下 5 点。

1. 时效性：DeepSeek 的知识库有一定时效，我们得到的信息可能不是最新的，因此我们需注意验证信息的时效性。

2. 准确性：DeepSeek 虽然会力求提供准确的答案，但仍有可能出现错误。因此，我们要自行判断答案的准确性。

3. 深度：DeepSeek 可以进行一定的深度分析，但在某些领域可能无法给出专业的建议，如有需要，我们应寻求专业人士的意见。

4. 法律责任：遵守法律法规，不要向 DeepSeek 询问违法信息。

5. 隐私保护：避免在问题中泄露个人隐私。

### （四）案例分享

提问：我是一名初涉培训行业的培训机构创始人，正在制定战略规划和市场营销策略，请帮我搜集这个行业的相关信息，以及提供 3 种适合初创培训机构的市场营销方法。要求格式化和条理性。

回答：以下是关于初创培训企业的市场营销策略的一些信息和建议。

1. 行业信息：

（1）市场需求：需求持续增长，尤其在技能培训、职业培训……

（2）竞争情况：竞争激烈，知名品牌和口碑机构占有一定的市场份额……

（3）目标客户：目标客户通常是有明确学习需求的人群，包括学生……

2. 市场营销方法：

（1）精准定位：培训机构定位，包括您的优势、服务项目……

（2）网络营销：您可以通过建立官方网站、社交媒体账号等渠道……

（3）合作与联动：寻找与您有共同目标客户的其他企业或机构进行合作……

希望这些信息和方法能够帮助您制定有效的市场营销策略。祝您的初创培训机构事业蒸蒸日上！如有其他问题，欢迎随时向我提问。

不正确的提问太过宽泛，没有明确需求，问题描述过于模糊。正确提示指令明确了背景（初创培训机构）、目标（制定市场营销策略）和需求（3 种适合初创培训机构的市场营销方法），使 GPT 能够给出具体的答案，帮助用户解决问题。

## 二、快速学习：靠 DeepSeek 入门新兴学科

DeepSeek 在帮助我们高效学习方面有重要作用，例如可以帮助我们了解新领域的基本概念和理论，为我们提供有关新兴学科发展历程和未来趋势的信息，回答我们在学习过程中遇到的具体问题，推荐相关领域的资料、教程和专家等。

### （一）实用方法

我们在利用 GPT 快速学习一门新兴学科时，可以参考如下步骤。

1. 确定目标：明确学习目标，清楚自己要了解的具体内容是什么，如基本概念、发展历程，还是应用场景等。

2. 清晰提问：将问题表述清楚，指明想要了解的具体方面。

3. 循序渐进：由浅入深地提问，逐层了解目标学科。

4. 推荐资料：向 DeepSeek 请求推荐学习资料、教程或专家等。

### （二）常见模板

实际应用中，我们可以结合学习的具体场景向 DeepSeek 提出需求或问题。常见的各类场景、指令、提示词模板如下。

场景 1：了解基本概念

提示指令请简要介绍一下新兴学科的基本概念和基本原理。

场景 2：推荐学习资料

提示指令：请推荐一些关于新兴学科的学习资料、教程或专家。

场景 3：了解应用场景

提示指令：请列举一些新兴学科的实际应用场景及重点案例。

场景 4：了解主要技术和方法

提示指令：请简要介绍新兴学科中的主要技术和方法。

场景 5：了解核心问题和挑战

提示指令：请列举新兴学科领域的核心问题和挑战。

场景 6：了解学科相关的行业和从业者职业发展情况

提示指令：请介绍新兴学科相关的行业和从业者职业发展情况。

### （三）注意事项

我们在使用 DeepSeek 快速学习、了解新兴学科时，要注意如下 3 点。

1. 要有耐心：逐步深入了解目标学科，避免急功近利。

2. 注意验证：DeepSeek 提供的信息，尤其是涉及学术观点和数据的内容不一定能保证准确，而且也存在时效性方面的问题，因此要注意验证。

3. 不同角度：遇到难以理解的问题时，可以尝试多角度、多方式提问，以获得准确的答案。

### （四）案例分享

提问：我是一名讲师，对 AIGC 感兴趣，想要生成式人工智能领域的知识，请简要介绍一下 AIGC 的基本概念、基本原理和应用领域。

回答：AIGC 是生成式人工智能的典型代表，已经广泛应用于各个领域。下面将简要介绍 AIGC 的基本概念、基本原理和应用领域。

1. 基本概念

人工智能（ArtificiAI Intelligence，简称 AI）是指利用计算机技术模拟……

2. 基本原理

AIGC 的基本原理是基于神经网络和深度学习算法，它能够学习并模拟人类……

3. 应用领域

AIGC 被广泛应用于各个领域，如智能客服、电商推荐、医疗诊断……

正确示范明确了提问者想要了解的具体方面（基本概念、基本原理和应用领域），于是 DeepSeek 便提供了有针对性的答案。

## 三、知识图谱：让 DeepSeek 构建思维框架

DeepSeek 可以帮助我们构建一个多维度、层次丰富的知识体系，解决在学习、工作和生活中遇到的实际问题。DeepSeek 可以协助我们挖掘关联知识，整合相关领域的信息，理解和应用跨学科知识。

### （一）实用方法

我们在用 GPT 构建知识图谱时，可以参考如下步骤。

1. 确定主题：明确知识图谱的核心主题和范围。
2. 提炼关键词：梳理与主题相关的关键信息点。
3. 设计结构：构建知识图谱的层次结构和关联关系。
4. 优化细节：完善知识点的描述，使知识图谱更具价值。

### （二）常见模板

在实际应用中，我们可以结合构建知识图谱的具体场景向 GPT 提出需求或问题，常见的各类场景、指令、提示词模板如下。

场景 1：确定主题

提示指令：请帮我构建一个关于大健康的知识图谱。

场景 2：提炼关键词

提示指令：请列举大健康知识图谱中的关键信息点。

场景 3：设计结构

提示指令：请为大健康的知识图谱设计层次结构。

场景 4：优化细节

提示指令：请完善大健康知识图谱中的知识点描述。

场景 5：扩展知识点

提示指令：请为大健康知识图谱中的知识点添加更多相关信息。

我们在用 DeepSeek 构建知识图谱时，要注意如下 3 点。

1. 留意信息更新：信息会随时间推移而发生变化，因此，定期更新知识图谱中的信息是十分有必要的。

2. 注意信息来源：这里同样涉及信息的时效性和真实性的问题，在涉及较新的信息时，建议结合其他信息来源进行核实。

3. 适度求助：虽然 DeepSeek 能够支持知识图谱构建，但我们在学习和工作中不能完全依靠 DeepSeek 来解决问题，还应当通过查阅相关教材、学术期刊和新闻资料，与专家交流等形式更系统地构建属于自己的知识图谱。

### （三）案例分享

提问：请为我生成一个关于可穿戴设备智能手环的市场竞争分析知识图谱，包括主要竞争对手、产品特点、市场份额、销售渠道、竞争策略、前景趋势等方面的内容。

回答：以下是一个关于可穿戴设备智能手环的市场竞争分析知识图谱。

1. 竞争对手

主要有苹果、三星、华为、Fitbit、小米等。

2. 产品特点

功能：可穿戴设备智能手环通常具有健康监测（如心率、睡眠质量）、运动跟踪（如步数、卡路里消耗）、通知提醒（如手机消息、邮件）等功能。

材质：通常采用轻便耐用的材料，如医用级不锈钢、柔韧的硅胶等。

设计：用户可以根据个人喜好选择不同颜色、尺寸和款式的设备。

3. 市场份额

整体市场：根据市场研究公司 IDC 的报告，全球可穿戴设备市场在近年来持续增长，预计到2025年总值将达到415亿美元……

4. 销售渠道

线上销售：多数智能手环品牌通过自有官网、电商平台……

线下实体店销售：部分品牌在大型购物中心、连锁店等实体店……

运营商定制：部分运营商会定制智能手环套餐，向用户提供……

5. 竞争策略

价格：根据产品性能、设计、功能等成本及供需状况制定价格策略……

品牌定位：根据自身特点、目标消费群体和市场定位，打造差异化竞争优势……

营销：通过广告宣传、社交媒体推广、KOL合作等方式提升品牌知名度……

6. 前景趋势

技术创新：未来可穿戴设备智能手环将不断引入新技术，如人工智能……

市场前景：随着消费者对健康管理和运动健身的需求增加……

正确示范中的提问明确了具体的需求（关于可穿戴设备智能手环市场竞争分析的知识图谱），提供了关键的信息点（主要竞争对手、产品特点、市场份额、销售渠道、竞争策略、市场趋势等），从而让GPT生成了更能满足需求的知识图谱。

## 四、学业规划：用 DeepSeek 拆分知识组块

当学习某个学科或新领域的知识时，我们很可能不知道该如何下手，不知道该按照怎样的节奏学习。这时候，我们可以向DeepSeek提问，让DeepSeek帮我们拆分该学科或领域的知识组块，合理规划学习时间，以确保每个知识组块都能得到充分学习。

### （一）实用方法

我们在用DeepSeek做学业规划时，可以参考如下步骤。

1. 明确需求：确定具体的学业目标，如攻读硕士学位、学习某门专业课程等。

2. 了解知识体系：了解所学领域的知识体系，将其拆分为不同的知识组块。

3. 选择课程：根据知识组块选择相应的课程，优先选择基础课程和核心课程。

4. 规划时间：合理安排学习时间，确保每个知识组块都能得到充分学习。

5. 采用合适的学习方法：如主动学习、分阶段学习等，以提高学习效率。

## （二）常见模板

实际应用中，我们可以结合学业规划的具体场景向 DeepSeek 提出需求或问题，常见的各类场景、指令、提示词模板如下。

场景 1：课业计划

提示指令：我是一名金牌讲师特训营的学员，计划完成演讲培训目标，请根据这个专业的知识体系，帮我拆分知识组块并规划学习任务。

场景 2：课程选择

提示指令：请为金牌讲师特训营学员推荐类别课程，以便其更好地学习知识组块。

场景 3：学习方法

提示指令：请为我提供 3 种在学习知识组块时可以采用的有效学习方法。

场景 4：时间规划

提示指令：请为我设计一个时间段的学习计划，以便我更好地掌握知识组块。

场景 5：实习机会

提示指令：请为金牌讲师特训营学员推荐地区的实习机会，以便其积累实践经验。

场景 6：研究方向

提示指令：请介绍讲师专业的就业方向，并推荐一些具有前景的行业就业岗位。

### （三）注意事项

我们在用 DeepSeek 做学业规划时，要注意如下 3 点。

1. 说清领域：如果无法精准表述想要学习的领域，DeepSeek 可能帮不上忙。当然，可以先通过向 DeepSeek 提问，来确定学习领域的关键词。

2. 调整规划：DeepSeek 给出的学业规划通常是通用的，我们要根据自己的实际情况制定适合自己的规划。提供明确的背景和需求信息有助于得到更精准的答案。

3. 落地实施：规划不是摆设，关键是要落地。用 DeepSeek 生成学习规划并不难，难的是执行。

### （四）案例分享

提问：我是一名企业董事长，想提升自己的沟通和演讲能力，计划报读金牌讲师特训班，请根据这个专业的知识体系，帮我拆分知识组块并规划学习任务。

回答：以下是一个金牌讲师特训班的知识体系和学习任务规划。

知识组块一：演讲基本素质

自我认知与提升：了解自己的优缺点，找到自己的独特优势……

表达技巧：学习、简明扼要地表达观点……

学习任务：观看优秀的演讲视频，分析演讲者的风格和技巧……

知识组块二：课程设计与规划

课程设计：学会设计有趣、具有吸引力的课程内容……

课程规划：掌握完整的课程规划流程，包括确定教学目标……

学习任务：阅读课程设计与规划的书籍，观摩优秀的讲师授课视频……

知识组块三：教学方法与技巧

教学方法：学习各种教学方法，如案例分析、角色扮演……

互动技巧：掌握调动学员积极性的技巧，如提问、小组讨论……

学习任务：参与不同的教学方法培训课程，观察并体验各种教学方法……

知识组块四：课堂管理与控制

课堂管理：学习如何管理课堂秩序，应对不同类型的学员……

时间控制：掌握合理分配教学时间的方法，根据学员反馈……

学习任务：参加相关培训课程，观察并学习优秀的讲师如何进入课堂……

正确示范中的提问明确了自己的背景（企业家，计划报读金牌讲师班）和需求（拆分知识组块并规划学习任务），这使 DeepSeek 能够给出具有针对性和实用性的回答。

## 五、课业辅导：借 DeepSeek 提高学习成绩

DeepSeek 更容易查询到相关学科的学习资料，能够对难题进行解答并说明原理和解答过程，因而可以用来进行课业辅导，帮助学生提高学习成绩。

### （一）实用方法

我们在用 DeepSeek 进行课业辅导时，可以参考如下步骤。

1. 明确需求：确定具体的辅导需求，如课程概念、学习方法、作业题目或考试技巧等。

2. 提供背景：提供足够的背景信息，如课程名称、教材名称、相关章节、题目难度等。

3. 拆分问题：将复杂问题拆分成多个简单问题，逐一解决。

4. 优化提问：如果发现 DeepSeek 没有解决问题，则使用清晰、简洁、具体的提问方式，避免模糊、宽泛地描述。

5. 判断答案：对 DeepSeek 给出的答案进行判断和验证，确保答案准确。

### （二）常见模板

在实际应用中，我们可以结合课业辅导的具体场景向 DeepSeek 提出需求或问题，常见的各类场景、指令、提示词模板如下。

场景 1：学习计划与方法

提示指令："请为我制订一个糖尿病膳食营养的学习计划，并推荐一些有效的学习方法。"

场景 2：考试准备建议

提示指令：请给我提供一些关于糖尿病膳食营养的考试类型考试的建议。

场景 3：实验报告指导

提示指令：请帮助我完成糖尿病膳食营养方案实验报告的报告部分。

场景 4：疑难问题解答

提示指令：我遇到了一个关于糖尿病膳食营养的难题，请帮我解答。

场景 5：学术资源推荐

提示指令：请推荐一些关于糖尿病膳食营养的学术资源，如书籍论文、网站等。

### （三）注意事项

正确运用 DeepSeek，不但能帮助我们深刻理解和灵活运用知识，而且能使我们切实提高学习成绩。不恰当地使用 DeepSeek，过分依赖 DeepSeek，反而可能影响学习成绩。我们在使用 DeepSeek 进行课业辅导时，要注意如下 3 点。

1. 不得违规：不要将 DeepSeek 用于违法、违规、不道德的目的。

2. 验证真伪：一定不要无条件相信 DeepSeek 给出的答案，要验证其真伪。

3. 适度运用：不要过度依赖 DeepSeek，要合理、适度地运用。

### （四）案例分享

提问：我是一位营养师，请根据 48 岁中年男人、身高 172 厘米、体重 80 千克、2 型糖尿病的情况，帮我制定一份糖尿病膳食营养方案。要求包括早餐、午餐和晚餐，并简要说明方案的设计依据和特点。

回答：接下来，我们将根据以上原则为 48 岁中年男人、身高 172 厘米、体重 80 千克、2 型糖尿病的情况制定一份糖尿病膳食营养方案。

1. 营养方案：

早餐：

主食：燕麦粥 50 克，全麦面包 2 片

蛋白质：鸡蛋 1 个，豆浆 200 毫升

蔬果：西红柿 50 克，黄瓜 50 克

午餐：

主食：糙米饭 100 克（生重）

蛋白质：清蒸鸡胸肉 100 克

蔬菜：炒西蓝花 100 克，清炒苦瓜 100 克

晚餐：

主食：全麦馒头 1 个

蛋白质：豆腐脑 100 克（生重）

蔬菜：凉拌木耳 50 克，清炒菠菜 100 克

2. 设计依据：

控制总能量摄入：根据患者的身高、体重、性别、年龄等个人信息，计算出每日所需总能量，并按照早、中、晚 3 餐能量分配比例进行设计。

均衡膳食营养素：膳食中应控制碳水化合物、蛋白质、脂肪的摄入量，并适量增加膳食纤维、维生素和矿物质的摄入量。

控制血糖波动：避免摄入高 GI（升糖指数）食物，选用低 GI 食物，如糙米饭代替白米饭，全麦面包代替白面包等。同时，保持进餐时间和进餐量的稳定，避免血糖波动。

控制饱和脂肪和盐的摄入量：饱和脂肪和盐的摄入量过高会加重胰岛素抵抗和心血管疾病的风险，因此应选用低饱和脂肪和低盐的烹饪方法和食材。

相较于不规范指令，案例分享中正确提示词的用户提供了更具体的问题，并

且强调并不只是想要问题的答案，还想知道如何解题，这使 DeepSeek 能够给出有用的答案。

## 第三节 AI工作助手，DeepSeek赋能培训文案写作

文案写作是金牌讲师课件制作的基础，是精彩课程呈现的先决条件，已经成为许多讲师工作、学习和生活中不可或缺的一部分。高质量的文案不仅能有效传递信息，还能提升品牌形象、吸引粉丝、激发粉丝的学习关注欲望。编写出色的文案并非易事，需要长时间的实践和积累。 DeepSeek 能够帮助我们快速提高文案写作水平，轻松应对各种文案写作场景。

### 一、文案策略：不同行业的文案应该怎么写

在当下竞争激烈的市场环境中，文案策略对于各个行业的品牌推广和产品销售都具有至关重要的作用。要想在各行业中脱颖而出，就需要根据不同行业的特点制定相应的文案策略。下文提供几个具体行业的文案策略。

#### 1. 培训行业

培训行业需要建立良好的口碑，通过文案传递专业、高效、贴心的形象，主要策略如下。

凸显教育理念：强调培训理念，树立专业、高效的形象。

展示师资力量：通过介绍师资背景、教学成果等方面的信息，增强消费者的信心。

成功案例：展示学员成功案例，证明教学成果。

课程体验：提供免费试听课程，让消费者亲身体验课程质量。

#### 2. 电子商务行业

电子商务行业的竞争尤为激烈，因此文案需要有针对性地突出产品优势，激

发消费者的购买欲望，主要策略如下。

强调产品优势：通过列举产品特点、性能、使用场景等方面的信息，凸显产品的优势，使消费者信服。

开展促销活动：通过折扣、优惠券等手段，激发消费者的购买欲望。

结合用户评价：展示真实的用户评价，增强消费者的信任感。

3. 旅游行业

旅游行业的文案需要展现目的地的魅力、行程安排的合理性以及服务的贴心性，主要策略如下。

目的地介绍：通过图片、文字、视频等形式展示目的地的自然风光、人文景观等特色，吸引游客前来旅游。

行程安排：详细介绍行程安排，让游客了解行程的合理性和丰富程度。

服务保障：强调服务质量和保障措施，增强游客的信任感。

优惠政策：提供旅游套餐、团购等活动，吸引游客购买。

4. 餐饮行业

餐饮行业的文案应该突出口感、环境和服务，主要策略如下。

美食呈现：通过图片、文字、视频等形式呈现美食。

营造氛围：强调餐厅的用餐环境和氛围，宣传舒适、优雅的用餐体验。

服务宣传：展示餐厅的服务特色，树立良好的服务形象。

促销活动：提供特价菜品、套餐等活动，吸引消费者光顾。

要想有效地向 DeepSeek 提出需求和问题，让 DeepSeek 生成自己需要的文案，需要注意以下 6 点。

1. 目标受众

制定文案策略前，要深入了解目标受众的需求、兴趣和习惯，以便更精准地传递信息。

2. 言简意赅

无论哪个行业，都要避免冗长的文字描述，尽量用简练、有力的语言表达，让消费者快速抓住重点信息。

3. 与时俱进

随着市场环境和消费者需求的变化，文案策略也需要不断调整以适应市场变化。

4. 注重创意

在文案策略中融入新颖独特的创意，有助于提升品牌形象，吸引消费者关注。

5. 情感共鸣

情感化的文案更容易打动消费者，因此要注意在文案中融入情感元素，营造情感共鸣。

6. 传播渠道

利用各种传播渠道，如社交媒体、短视频平台等，将文案有效传播给更多消费者。

采用以上策略，不仅可以提升各行业的品牌知名度和产品销量，还能更好地满足消费者需求，为企业创造更大的价值。

## 二、活动策划：DeepSeek 提升活动吸引力

在活动策划和推广中，活动策划文案是提升活动吸引力和塑造活动形象的重要手段。而编写一份优质的活动策划文案需要具备一定的文案撰写能力和市场敏锐度。DeepSeek 可以根据活动主题、目标受众和市场环境，生成具有针对性的文案，包括宣传语、活动介绍、活动安排等方面的内容。DeepSeek 还可以提供文案撰写技巧和建议。

### （一）实用方法

我们在用 DeepSeek 创作活动文案时，可以参考如下步骤。

1. 明确需求：确定具体需要撰写的活动文案内容，包括活动主题、活动目的、活动时间、活动地点等。

2. 提供背景信息：提供活动的背景信息，包括活动主办方和协办方信息、活动亮点等，以增强活动的吸引力。

3. 明确目标受众：明确活动的目标受众，以便撰写更具针对性的文案。

4. 选择文案风格：根据活动类型，选择合适的文案风格，如正式、轻松、幽默等。

5. 调整文案长度：根据实际需要，调整文案的长度，以便在不同场合使用。

### （二）常见模板

在实际应用中，我们可以结合活动文案的不同应用场景向 DeepSeek 提出需求或问题，常见的各类场景、句式、关键词模板如下。

场景 1：庆典活动

提示句式：请为 ×× 公司举办的庆典主题活动撰写一份宣传文案活动，将于 ×× 活动日期在 ×× 活动地点举行，邀请目标受众参加。

场景 2：促销活动

提示句式：请为 ×× 公司的促销主题活动撰写一份宣传文案，活动将于 ×× 活动日期在 ××（活动地点）举行，面向目标受众，并介绍优惠信息。

场景 3：公益活动

提示句式：请为 ×× 公益组织举办的公益主题活动撰写一份宣传文案，活动将于 ×× 活动日期在 ××（活动地点）举行，旨在活动目的，欢迎目标受众参加。

场景 4：招聘活动

提示句式：请为 ×× 公司举办的招聘主题活动撰写一份宣传文案活动，将于活动日期在 ×× 活动地点举行，面向目标求职者提供职位类型等职位。

场景 5：会议活动

提示句式：请为会议活动主题撰写一份宣传文案，会议将于 ××（日期）在 ××（地点）举行，邀请嘉宾等演讲，面向目标受众。

场景 6：培训活动

提示句式：请为 ×× 品牌举办的培训主题活动撰写一份宣传文案，培训将于 ××（日期）在 ××（培训地点）举行，面向目标受众。

### （三）注意事项

我们在应用 DeepSeek 辅助写作活动文案时，要注意如下 4 点。

1. 多次尝试：为写出合适的活动文案，可以让 DeepSeek 生成多个版本的文案，给自己更多的选择。

2. 注意语言规范：确保生成的活动文案符合语言规范，避免使用过于口语化或不适当的措辞，以免影响品牌形象。

3. 关注文案逻辑：确保生成的活动文案内容清晰、连贯，符合逻辑。

4. 留意品牌形象：在文案中保持品牌形象的一致性，提升品牌的辨识度。

### （四）案例分享

提问：请为新品发布会活动撰写一份宣传文案，活动主题是“科技引领未来”，活动将于 ×× 年 ×× 月 ×× 日在北京举行，活动形式是“线上 + 线下”，面向全球科技爱好者。

回答：标题：科技引领未来新品发布会——“线上 + 线下”盛宴

亲爱的科技爱好者们：

我们诚挚地邀请您参加 ×× 年 ×× 月 ×× 日在北京举行的“科技引领未来”新品发布会。本次活动采用“线上 + 线下”的形式，带给您全新的体验。

亮点：

1. 科技领域的知名嘉宾亲临现场，分享他们的见解与研究成果；

2. 一系列精彩纷呈的活动，包括主题演讲、互动体验、技术研讨等；

3. 线上直播平台实时直播，让您足不出户也能感受到现场的激情；

4. 线下在知名场馆举办现场活动，为您提供亲身参与的机会。

希望借助此次活动，让更多人了解科技发展的最新动态……如有兴趣参加本次活动，请务必关注我们的官方网站和社交媒体平台……

## 三、演讲文稿：用 DeepSeek 提升演讲效果

讲师要想在演讲中引起听众的注意并让他们对演讲内容感兴趣，演讲者不仅需要具备一定的演讲技巧和经验，还需要有优质的演讲文稿。DeepSeek 可以帮助讲师更好地准备和撰写演讲文稿，提升演讲的效果和影响力，让演讲者更加自信地面对各种演讲场合，提升其个人形象，促进其职业发展。

### （一）实用方法

我们在用 GPT 写演讲文稿时，可以参考如下步骤。

1. 明确需求：确定具体需要撰写的演讲文稿的主题、目的和目标受众。

2. 设定框架：提供演讲文稿的基本结构，如开头、主题论述和结尾。

3. 关注细节：提出演讲中需要强调的关键信息和数据。

4. 个性化要求：指明需要的风格和语气，如正式、幽默或激情。

### （二）常见模板

在实际应用中，我们可以结合演讲文稿的不同应用场景向 DeepSeek 提出需求或问题，常见的各类场景、句式、关键词模板如下。

场景 1：演讲开头

提示句式：请为我写一个 ×× 主题，演讲的开头、目的、目标受众。

场景 2：论点陈述

提示句式：请帮我陈述关于 ×× 主题的数个论点，并提供相关数据或案例做支撑。

场景 3：转折

提示句式：请为我写一个关于 ×× 主题的转折点，要求从现状引导到期望。

场景 4：数据支持

提示句式：请为我提供一些关于 ×× 主题的关键数据和事实，要求是具体要求，以增强论点的说服力。

场景 5：案例分析

提示句式：根据要进行的活动信息，请为我找一个与 ×× 主题相关的成功或失败的案例，以便进行分析和讨论。

### （三）注意事项

我们在应用 DeepSeek 撰写演讲文稿时，要注意如下 4 点。

1. 注意长度：DeepSeek 生成的演讲文稿可能较长，请根据实际需要调整问题或要求，以控制演讲文稿长度。

2. 适合自己：DeepSeek 可能并不能完全理解我们的处境，所以我们可以通过多次提问或修改演进文稿的形式将演讲文稿调整为自己需要的。

3. 核实事实和数据：DeepSeek 生成的内容可能存在错误，在使用前注意核实相关事实和数据。

4. 保持职业道德：在使用 DeepSeek 生成演讲文稿时，要遵守职业道德和法律法规，尊重他人的知识产权和隐私权。

### （四）案例分享

提问：我是一名金牌讲师，想要参加公司举办的年度演讲比赛，演讲的时长是 5 分钟，演讲的主题是健康从我做起。请结合我的职业和演讲主题，生成一篇字数为 500 字左右的演讲文稿。内容要震撼人心、发人深省，让大家意识到健康的重要性。

回答：

尊敬的各位评委、各位观众：

我是一名金牌讲师，也是一个对健康非常热爱的人……我今天演讲的主题是：为健康把舵，从我做起！

俗话说“身体是革命的本钱”，健康则是知识探索和生活享受的基础。健康就像船舵，掌握着我们生活的方向。要做到健康从我做起，我有以下建议。

1. 良好的作息习惯：保证充足的睡眠是保持健康的基础。

2. 定期运动：保持身体活力，有助于我们更好地应对生活中的挑战。

3. 均衡饮食：多吃蔬菜水果，保持营养均衡，为健康打下基础。

4. 积极的心态：保持乐观积极的态度，有助于我们更好地面对生活中的困难。

认识到健康的重要性后，我将致力于倡导和实践健康的生活方式。我相信通过坚持健康生活，我们可以更好地享受生活，更有效地工作，同时也会让家人和社会更加美好。

正确示范中的提问交代了演讲文稿的背景，从而让 DeepSeek 生成的答案更有针对性。

## 四、行业报告：借 DeepSeek 进行行业研究

行业报告是人们了解市场情况和行业趋势的重要途径。撰写行业报告需要进行大量的研究和数据分析，需要金牌讲师具备丰富的知识和经验。GPT 可以分析大量的数据和文本，提高行业报告的质量和可靠性，从而帮助金牌讲师作为研究人员更加高效地撰写行业报告。

### （一）实用方法

我们在用 DeepSeek 写行业报告时，可以参考如下步骤。

1. 明确需求：确定具体需要撰写的行业报告类型，如市场分析报告、竞争分析报告等。

2. 提供背景信息：为 DeepSeek 提供充足的关于行业背景、关注点和数据来源等信息。

3. 关注结构和逻辑：确保报告结构清晰、逻辑严密，便于读者理解。

### （二）常见模板

在实际应用中，我们可以结合行业报告的不同应用场景向 DeepSeek 提出需求或问题，常见的各类场景、句式、关键词模板如下。

场景 1：行业现状分析

提示句式：请为我分析大健康产业的现状，包括市场规模、市场规模增速和市场主要参与者。报告的目标受众是什么，要达到什么目标。

场景 2：发展趋势预测

提示句式：请预测大健康产业在未来 10 年内的发展前景与趋势。

场景 3：竞争对手分析

提示句式：请分析我在大健康产业中的主要竞争对手及其竞争策略。

场景 4：市场细分分析

提示句式：请分析大健康产业的市场细分情况，包括各细分市场的规模和规模增速。

场景 5：消费者需求分析

提示句式：请分析大健康产业中消费者需求的特点及变化。

场景 6：行业 SWOT 分析

提示句式：请对大健康产业进行 SWOT 分析。

场景 7：行业风险评估

提示句式：请为我评估大健康产业的潜在风险，并给出建议。

（三）注意事项

我们在应用 DeepSeek 撰写行业报告时，要注意如下 3 点。

1. 确保数据准确：在使用 DeepSeek 撰写行业报告时，关注数据的准确性，以保证报告内容的准确性。

2. 注意时效性：行业情况会随着时间的推移而发生变化，因此需要关注报告中信息的时效性。

3. 保持客观中立：在撰写行业报告时，尽量保持客观中立的态度，避免受个人观点和偏见的影响。

（四）案例分享

提问：我是一家医疗企业的高管，想写一份健康养老产业的研究报告，主要目标受众是 60 ~ 70 岁的老年人，报告内容主要包括目标受众可能感兴趣和好奇的方面。该报告需要分析行业现状、发展趋势、市场规模、行业主要参与者及其竞争策略，以及行业面临的机遇与挑战，同时要形成关于潜在消费者是否需要购买健康养老服务的建议。

回答：标题：健康养老产业研究报告

1. 引言

随着社会进步和人口老龄化趋势的加剧，健康养老产业的发展日益引起关注。本报告针对 60 ~ 70 岁的老年人群……

2. 行业现状与发展趋势

现状：需求从基本的生活照料到医疗护理、康复训练……

发展趋势：受政策扶持和市场需求推动，未来几年……

3. 市场规模

根据统计局数据，我国 60 岁以上老年人口已超过 3 亿……预计未来 5 年，我国健康养老市场规模将达到 ×× 万亿元。

4. 行业主要参与者及其竞争策略

大型养老社区：大型养老社区提供全方位的养老服务，包括生活照料……

专业护理机构：专业护理机构在某一领域具有专业技能和经验，例如专门……

在线养老服务平台：在线养老服务平台提供线上预约、远程医疗等功能……

5. 行业面临的机遇与挑战

机遇：随着老龄化进程的加速和养老政策的完善，养老产业面临着……

挑战：同时，行业也面临着一些挑战，如专业人才的短缺、服务品质……

6. 结论

总的来说，健康养老产业面临着巨大的市场潜力和发展机遇……

正确示范说明了报告的背景、目标受众和内容要求，让 DeepSeek 输出的行业报告更有针对性。

## 五、工作报告：让 DeepSeek 做总结和汇报

撰写工作报告需要大量的时间和精力，总结和汇报工作成果，更需要金牌讲师对工作有深入的理解和较强的分析能力。DeepSeek 可以帮助金牌讲师更加高效、精准、便捷地总结工作成果，提升工作效率和职场竞争力。

### （一）实用方法

我们在用 DeepSeek 写工作报告时，可以参考如下步骤。

1. 明确需求：确定具体需要撰写的工作报告的主题、时间范围、工作内容等。

2. 提供细节：提供关键细节，如完成的任务、遇到的问题和解决方案等，让 DeepSeek 能够生成具体内容。

3. 明确格式：描述报告的结构和格式，如分点、分段等，以便 DeepSeek 生成符合要求的文本。

4. 模拟场景：模拟实际工作场景，以便 DeepSeek 更好地理解我们的需求。

### （二）常见模板

在实际应用中，我们可以结合工作报告的不同应用场景向 DeepSeek 提出需求或问题，常见的各类场景、句式、关键词模板如下。

场景 1：工作总结

提示句式：根据我个人目前工作情况的基本信息，请帮我生成一份时间范围的部门工作总结，内容包括完成的任务、遇到的问题和解决方案。

场景 2：项目进展报告

提示句式：根据当前项目基本信息，请为我撰写一份关于项目的进展报告，内容包括已完成的工作、未来的计划以及可能的风险。

场景 3：年度业绩报告

提示句式：根据今年的业绩情况的基本信息，请提供一份年度业绩报告，涉及营收、净利润，同比增长幅度等关键指标。

场景 4：部门周报

提示句式：根据这周工作的大致情况的基本信息，请为我生成部门上周的工作周报，内容包括完成的任务、遇到的问题及解决方案。

场景 5：会议纪要

提示句式：以上是我的会议记录的基本信息，请根据会议主题和参会人员为我生成一份会议纪要，内容包括会议的主要议题、达成的共识以及分配给参会人员的任务。

场景 6：员工绩效评估报告

提示句式：以上是员工在时间段绩效情况的基本信息，请提供一份绩效评估报告，内容包括对员工的工作成果、工作态度、团队协作情况等方面的评价。

场景 7：客户满意度调查报告

提示句式：以上是时间段客户满意度调查结果的基本信息，调查方式和过程为调查信息，请为我生成一份关于客户满意度的调查报告，内容包括调查结果、问题分析以及改进建议。

### （三）注意事项

我们在应用 DeepSeek 写工作报告时，要注意如下 3 点。

1. 足量信息：确保提供给 DeepSeek 的信息完整且详细，以便生成更准确和更有针对性的报告。如果信息量不足，将生成泛泛而谈的报告。

2. 保护隐私：在与 DeepSeek 交流时，注意不要泄露敏感信息，如个人隐私、公司机密等。

3. 及时反馈：使用过程中遇到问题或对回答不满意时，可以反馈给 DeepSeek，也可以持续补充信息或追问，从而提升回答的质量。

### （四）案例分享

提问：我是一个培训学校招生部门的主管，这是我们 2023 年第三季度的工作情况……请帮我生成一份招生部门本季度的工作报告，包括本季度完成的任务、本季度遇到的问题和解决方案，以及今年最后一个季度的工作计划报告中说明本季度由于政策影响和市场波动，我们没有完成招生任务，但下个季度我们一定会完成任务。

回答：……

1. 本季度完成的任务

组织并实施了多次线上线下招生推广活动，吸引了大量潜在的学生和家长；

配合其他部门进行了一系列市场调研，以更好地了解客户需求和行业动态；

制定了新的招生策略，通过多渠道推广和优化服务，提高了学校知名度。

2. 本季度遇到的问题和解决方案

政策调整导致部分专业招生受限，影响了招生计划；

市场竞争加剧，部分竞争对手采取了更灵活的招生策略；

招生推广预算有限，影响了推广效果。

针对以上问题，我们采取了以下解决方案。

及时调整招生策略，与相关部门积极沟通，了解政策走向；

加大市场调研力度，了解竞争对手的动态，灵活调整招生策略；

优化招生推广活动，提高投入产出比，合理利用资源。

3. 今年最后一个季度的工作计划

在今年最后一个季度，我们将继续努力提高招生效果，具体计划如下。

深入了解市场需求和政策走向，制定更为精准的招生策略；

加大与教师团队的协作力度，优化课程设置和教学质量；

…………

总之，本季度我们虽然面临了一些困难和挑战，但我们相信在大家的共同努力下，一定能够克服困难，完成招生任务。谢谢！

正确示范中的提问提供了更详细的背景信息和细节要求，使 DeepSeek 能够更好地理解用户需求，并给出更能让人满意的回答。

## 六、PPT 制作：一键生成精品课件

本文将围绕 DeepSeek 制作课件 PPT 的主题，详细介绍如何利用 DeepSeek 技术提升课件 PPT 的制作效率与质量。

### （一）DeepSeek 在课件 PPT 制作中的应用

1. 内容生成：利用 DeepSeek 模型，可以快速生成课件 PPT 中的文本内容。通过输入相关关键词或主题，DeepSeek 可以自动生成与主题相关的段落、句子，甚至整篇内容，极大地提高了课件制作的效率。

2. 结构优化：DeepSeek 模型可以帮助我们分析文本的结构和逻辑关系，从而优化课件 PPT 的组织结构。通过 DeepSeek 生成的文本，我们可以更好地把握内

容的层次和重点，使课件更加条理清晰、易于理解。

3. 风格调整：DeepSeek 模型可以根据不同的需求调整文本的风格和语气。我们可以根据需要选择正式、幽默、生动等不同风格的文本，使课件 PPT 更符合教学场景和目标受众的需求。

### （二）DeepSeek 制作课件 PPT 的实践操作

1. 工具选择：为了利用 DeepSeek 技术制作课件 PPT，我们需要选择一款支持 DeepSeek 的文本编辑工具或插件。这些工具通常提供了与 DeepSeek 模型的接口，方便我们调用 DeepSeek 进行文本生成和编辑。

2. 内容规划：在制作课件 PPT 之前，我们需要对课程内容进行详细的规划。明确课程的主题、目标、重点以及受众特点，有助于我们更好地利用 DeepSeek 生成符合需求的文本内容。

3. 关键词输入：在调用 DeepSeek 进行文本生成时，我们需要输入相关的关键词或主题。这些关键词应该能够准确反映课程的核心内容和重点，以便 DeepSeek 能够生成与之相关的文本。

4. 文本编辑与优化：DeepSeek 生成的文本可能需要进行一定的编辑和优化，以满足课件 PPT 的具体要求。我们可以对生成的文本进行润色、修改和调整，使其更加符合教学场景和目标受众的需求。

5. 导入 PPT 模板：将编辑好的文本内容导入 PPT 模板中，根据需要进行排版和美化。我们可以选择合适的字体、颜色、图片等元素，使课件 PPT 更加美观、易读。

### （三）注意事项与技巧

1. 合理使用 DeepSeek：虽然 DeepSeek 具有强大的自然语言处理能力，但它并不能完全替代人类进行创作。在使用 DeepSeek 时，我们需要结合实际情况进行判断和选择，避免过度依赖 DeepSeek 而导致内容质量下降。

2. 注重内容质量：课件PPT的核心是内容质量。在使用DeepSeek生成文本时，我们需要关注内容的准确性和完整性，确保生成的文本能够准确传达课程的核心思想和知识点。

3. 适应受众需求：课件PPT的制作需要考虑到目标受众的需求和特点。在利用DeepSeek生成文本时，我们需要关注受众的语言习惯、认知水平和兴趣点，使生成的文本更符合受众的接受和理解能力。

总之，DeepSeek是人类生产力和创造力水平不断提高的助推器。DeepSeek首先是工具，需要靠人的应用才能创造价值。我们要学会向DeepSeek提出明确、具体的需求或问题，使用正确的指令、有效的问题和合理的关键词。只有这样，才能让DeepSeek更好地为我们服务，才能真正成为DeepSeek的主人。

# 第三章　从新手到金牌讲师的蜕变：培训讲师线下一站式快速成长之路

## 第一节　金牌讲师三阶梯修炼法则是入门的钥匙

### 一、第一阶段：点燃激情，突破敢讲

在演讲的世界里，每个人都需要经历从青涩到成熟的蜕变。在金牌讲师的修炼道路上，第一阶段“敢讲”是至关重要的一步。敢讲，不仅仅意味着敢于站在众人面前发表言论，更重要的是敢于表达自我，敢于面对挑战，敢于突破自我。在这一阶段，讲师需要克服内心的恐惧和不安，树立自信心，为后续的“能讲”和“会讲”打下坚实的基础。魏跃先生在其著作《金牌讲师三阶梯修炼法则》中，提出了“敢讲、能讲、会讲”的三个阶段，为我们指明了通往成功演讲的修炼之路。其中，“敢讲”作为起始阶段，其重要性不言而喻。本文将详细探讨“敢讲”的含义、包含的内容与步骤，以及如何从“敢讲”过渡到“能讲”，并最终实现“会讲”的目标。

1. 清晰目标与定位

（1）建立自信：自信是“敢讲”的基础。我们要相信自己的能力和价值，相信自己可以胜任演讲任务，可以通过自我暗示、积极心理建设等方法来增强自信。

（2）确定目标：在开始任何演讲或教学之前，讲师必须明确自己的目标，是希望传递知识、激发思考，还是希望影响听众、改变观念？清晰的目标有助于讲师在演讲过程中保持专注，并时刻提醒自己为什么要站在这里。

（3）自我定位：讲师需要明确自己在专业领域中的位置，以及自己的优势和劣势。通过自我定位，讲师可以更好地了解自己的特点和风格，从而找到最适合自己的教学方式和风格。

2. 夯实专业基础知识

（1）不断学习：作为金牌讲师，必须具备扎实的专业基础知识。这需要讲师不断学习和积累，不断关注行业动态和前沿技术，以确保自己能够为听众提供最新、最全面的信息。

（2）知识整合：讲师需要将所学的专业知识进行整合，形成自己的知识体系。通过知识整合，讲师可以更好地理解和掌握专业知识，从而更加自信地站在听众面前。

3. 克服登台恐惧

（1）认识恐惧：登台恐惧是一种常见的心理现象。几乎每个人都会有不同程度的登台恐惧。讲师需要认识到恐惧的存在，只有正视恐惧，才能找到克服恐惧的方法。

（2）准备充分：充分的准备是克服登台恐惧的关键。讲师需要提前了解听众的背景和需求，制定合适的演讲内容和方式。同时，讲师还需要熟悉演讲场地和设备，确保在演讲过程中不会出现意外情况。

（3）心理暗示：在登台之前，讲师可以给自己一些积极的心理暗示，如“我已经做好了充分的准备”“我可以很好地完成这次演讲”等。这些积极的心理暗示有助于增强自信心，减轻登台恐惧。

（4）敢于尝试：不要害怕失败和挫折。只有勇于尝试和面对挑战，才能不断突破自我、实现成长。在演讲过程中，即使遇到困难和问题也要保持冷静和镇定，积极寻找解决方法和途径。

4. 公众表达训练

（1）突出观点：在演讲过程中，讲师需要清晰地表达自己的观点。通过举例、引用数据等方式来支持自己的观点，可以使听众更加信服。

（2）巧妙构思：构思是演讲成功的关键之一。讲师需要提前构思好演讲的内容和结构，确保演讲具有逻辑性和条理性。同时，讲师还需要注意语言的生动性和趣味性，以吸引听众的注意力。

（3）放开自己：在演讲过程中，讲师需要敢于放开自己，不要过于拘谨或紧张。通过微笑、肢体动作等方式来展现自己的自信和魅力，可以让听众更加喜欢和信任自己。

总之，“敢讲”是演讲之路的第一步，也是最为关键的一步。只有敢于迈出这一步，我们才能为后续的成长打下坚实的基础。通过心理准备、内容准备和技巧训练，我们可以逐步提高自己的演讲能力，以实现从“敢讲”到“能讲”再到“会讲”的转变。在这个过程中，我们需要不断积累经验和技巧，保持学习和反思的态度，寻求反馈和建议，以不断提高自己的演讲水平。

## 二、第二阶段：丰富知识，驾驭能力

能讲，是指在讲台上能够自信、流畅、有条理地表达自己的观点和想法，同时能够运用多种演讲技巧和方法，使演讲内容生动有趣，引起听众的共鸣。能讲的讲师不仅要有丰富的知识储备和深刻的见解，还需要具备高超的演讲技巧，能够将知识、观点和情感融为一体，以最佳的方式呈现给听众。在魏跃先生提出的《金牌讲师三阶梯修炼法则》中，第二阶段“能讲”是继“敢讲”之后的进阶阶段。这一阶段的关键在于不仅要有勇气站在台上，更要有丰富的知识和强大的表达能力来驾驭全场，确保信息的准确传达和有效互动。以下是对“能讲”阶段的全面解析，包括其定义、具体内容、实操步骤、实现方法及向“会讲”过渡的路径。

### 1. 能讲包括哪些具体内容

（1）清晰地表达：能讲的讲师能够用准确、生动的语言将自己的观点和想法清晰地传达给听众，使听众能够迅速理解并接受。

（2）逻辑严密：演讲内容要有明确的逻辑线索，各个部分之间要相互关联、互为支撑，形成一个完整的体系。

（3）情感共鸣：能讲的讲师能够准确把握听众的情感需求，通过适当的情感表达，引起听众的共鸣和认同。

（4）互动沟通：在演讲过程中，能讲的讲师能够积极与听众进行互动，激发听众的参与感和兴趣，提高演讲效果。

（5）灵活应变：在演讲过程中，面对各种突发情况，能讲的讲师能够迅速调整自己的演讲策略，保证演讲的顺利进行。

2. 实现能讲的实操步骤

（1）积累知识：作为讲师，首先要具备丰富的知识储备。通过不断学习、阅读、实践等方式，不断积累知识，提高自己的专业素养。

（2）练习技巧：掌握基本的演讲技巧是实现能讲的关键。包括如何控制语速、语调、肢体语言和表情等，以及如何使用多种演讲方法和手段，使演讲内容更加生动、有趣。

（3）分析案例：学习优秀讲师的演讲案例，分析他们的演讲技巧、表达方式和互动方式等，从中汲取经验，不断提高自己的演讲水平。

（4）反复练习：通过反复练习，不断磨炼自己的演讲技巧，提高演讲的流畅度和自信心；可以在家中、办公室或公共场所等地方进行练习，逐渐适应各种演讲环境。

（5）接受反馈：在演讲过程中，积极接受听众的反馈和建议，针对自己的不足之处进行改进和调整；同时，也可以邀请同行或专业人士对自己的演讲进行评估和指导，以进一步提高自己的演讲水平。

3. 如何从敢讲过渡到能讲？

（1）从紧张到自信

初始阶段（演讲）：首次站在听众面前时，很多人都会感到紧张，甚至可能出现心跳加速、手心出汗等生理反应，但正是这种敢于面对恐惧的勇气，是“敢讲”的开始。

过渡阶段：随着演讲次数的增加，逐渐适应并享受站在听众面前的感觉。通过不断练习和自我暗示，建立起对自己的信心。

实例：一位初次尝试公开演讲的大学生，在第一次上台时紧张得几乎说不出话来。但他并没有放弃，而是坚持练习，每次演讲后都反思自己的表现，并寻求导师和同学的建议。经过数月的努力，他逐渐变得自信，能够在舞台上自如地表达自己的观点。

（2）从无序到有序

初始阶段（演讲）：在最初的演讲中，很多人可能会因为紧张或准备不足而导致内容混乱、逻辑不清。

过渡阶段：随着对演讲技巧的掌握和内容的深入理解，逐渐能够将观点、案例和故事有序地串联起来，形成一个清晰、有逻辑的演讲结构。

实例：一位职场新人，在初次做工作汇报时，由于缺乏经验，导致内容杂乱无章。但他意识到这个问题后，开始系统地学习演讲技巧，并请教经验丰富的同事。经过一段时间的锻炼，他能够在汇报中清晰、有条理地阐述自己的观点和建议。

（3）从单调到生动

初始阶段（敢讲）：最初的演讲可能比较单调，缺乏吸引力和感染力。

过渡阶段：通过不断学习和实践，逐渐掌握使用声音、肢体语言和视觉辅助工具等技巧来丰富演讲内容，使其更加生动、有趣。

实例：一位教师，在最初的公开课中，虽然内容充实但表达方式较为单调。为了提高课堂的吸引力，她开始尝试使用多媒体资源、互动游戏等方式来辅助教学。经过一段时间的探索和实践，她的课堂变得越来越生动有趣，深受学生的喜爱。

4. 能讲的关键要素

（1）知识深度和广度：讲师应具备扎实的专业知识基础，对演讲主题有深入的理解和掌握。同时，讲师的知识面应广泛，能够跨学科、跨领域地进行思考和表达，以满足不同听众的需求。

（2）逻辑思维与条理清晰：演讲内容应具有清晰的逻辑结构，从引言、主题到结论，各个环节应紧密相连，形成完整的论述。讲师应善于运用逻辑分析工具，如因果分析、对比分析等，使演讲内容更具说服力和可信度。

（3）情感表达与感染力：讲师应善于运用情感元素，如激情、幽默、感动等，来增强演讲的吸引力和感染力。情感表达应真实、自然，避免过度夸张或虚假。

（4）现场互动与应变能力：讲师应具备与听众进行互动的能力，如提问、讨论、分享等，以激发听众的参与感和兴趣。面对听众的反应或突发情况，讲师应能够迅速调整演讲策略，保证演讲的顺利进行。

（5）语言运用与表达技巧：讲师应使用准确、生动的语言来表达自己的观点和想法，同时避免使用过于复杂或晦涩的词汇。善于运用修辞手法，如比喻、排比、反问等，使演讲更加生动有力。

（6）持续学习与自我提升：讲师应保持持续学习的态度，关注行业动态和前沿知识，不断更新自己的知识储备。通过参加培训、阅读书籍、观看视频等方式，不断提升自己的演讲技巧和表达能力。

虽然能讲已经是一个较高的层次，但要成为真正的金牌讲师，还需要从能讲过渡到会讲。会讲不仅要求讲师具备高超的演讲技巧和丰富的知识储备，还需要具备深厚的文化底蕴和人生阅历，能够将自己的思想和情感融入演讲中，与听众产生深刻的共鸣。

要实现从能讲过渡到会讲，讲师需要不断拓宽自己的视野和知识面，关注社会热点和行业动态，了解听众的需求和兴趣点。同时，还需要注重自我修养和人生体验，不断积累人生经验和感悟，将这些元素融入演讲中，使演讲更加有深度和内涵。

## 三、第三阶段：放飞舞台，熟练会讲

在《金牌讲师三阶梯修炼法则》一书中，魏跃先生将讲师的成长之路划分为三个阶段：敢讲、能讲、会讲。其中，“会讲”是讲师成长的第三阶段，也是讲师修炼的高级阶段。它指的是讲师在拥有了扎实的专业知识、良好的表达技巧和丰富的实践经验后，能够自如地驾驭讲台，灵活应对各种教学场景，将复杂的知识以通俗易懂、引人入胜的方式传授给听众，让听众在轻松愉快的氛围中掌握知识，提升能力。

1. 会讲包括哪些具体内容

（1）知识内化与灵活运用：会讲的讲师不仅具备深厚的知识储备，而且能够将知识内化于心、外化于行。他们能够根据听众的实际情况和需求，灵活运用所学知识，为听众提供有价值的解决方案。

（2）精彩纷呈的授课方式：会讲的讲师擅长运用多种授课方式，如故事讲述、案例分析、互动讨论等，使课堂充满活力和趣味性。他们懂得如何激发听众的学习兴趣，引导听众积极参与课堂互动。

（3）有效的课堂管理与掌控：会讲的讲师具备出色的课堂管理与掌控能力。他们能够合理安排教学进度，确保教学目标的实现；同时，他们还能够关注听众的反应和反馈，及时调整教学策略，以满足听众的学习需求。

（4）深厚的情感沟通与感染力：会讲的讲师懂得如何与听众建立深厚的情感联系。他们通过真诚的交流和沟通，让听众感受到自己的热情和关爱；同时，他们还能够用自己的言行举止感染听众，激发听众的学习热情。

2. 实现会讲需要哪些实操步骤

（1）深入了解听众需求：在准备课程之前，讲师需要深入了解听众的背景、需求和期望。这有助于讲师更好地把握教学重点和难点，为听众提供有针对性的教学内容。

（2）精心设计课程内容：根据听众的需求和期望，讲师需要精心设计课程内容。课程内容应该具有系统性、条理性和趣味性，能够吸引听众的注意力并激发他们的学习兴趣。

（3）注重授课方式的创新：讲师应该注重授课方式的创新，尝试运用多种教学方式来呈现课程内容。这不仅可以提高课堂的趣味性和吸引力，还可以帮助听众更好地理解和掌握知识。

（4）加强课堂管理与掌控：讲师需要加强课堂管理与掌控能力，确保教学流程的顺畅进行。这包括合理安排教学进度、关注听众反应、及时调整教学策略等。

（5）注重情感沟通与感染力：讲师需要注重与听众的情感沟通，用自己的真诚和热情感染听众。同时,讲师还需要注意自己的言谈举止,树立良好的讲师形象。

3. 如何做到会讲

（1）持续学习与积累：会讲的讲师需要不断学习和积累新知识、新技能和新经验。只有不断更新自己的知识储备和教学技能，才能跟上时代的步伐并满足听众的需求。

（2）注重实践与反思：实践是检验真理的唯一标准。讲师需要不断实践并反思自己的教学实践经验。通过实践可以发现问题并找到解决问题的方法，通过反思可以总结经验教训并不断提升自己的教学水平。

（3）借鉴他人成功经验：成功的讲师都有自己独特的教学方法和经验。讲师可以通过参加培训、阅读相关书籍或观看教学视频等方式来借鉴他人的成功经验并运用到自己的教学实践中去。

（4）关注行业动态与发展趋势：随着时代的不断发展和社会的不断进步，教育行业也在不断地发展和变化。讲师需要关注行业动态和发展趋势并不断更新自己的教学理念和教学方法以适应时代的发展需要。

（5）保持热情与耐心：作为一名优秀的讲师需要保持对教育事业的热情和耐心。只有对教育事业充满热情和耐心，才能不断激发自己的教学潜力，并不断提升自己的教学水平，从而为听众提供更高质量的教学服务。

综上所述，“会讲”是讲师成长的第三阶段，也是讲师修炼的高级阶段。实现“会讲”需要讲师具备深厚的知识储备、良好的表达技巧、丰富的实践经验以及出色的课堂管理与掌控能力等多方面的素质和能力。同时，讲师还需要不断学习和积累新知识、新技能和新经验，注重实践与反思，借鉴他人成功经验，关注行业动态和发展趋势，并保持对教育事业的热情和耐心，才能不断提升自己的教学水平，并为听众提供更高质量的教学服务。

### 四、参加讲师训练到底有哪些能力得到提升?

通过训练成为金牌讲师，到底会给你带来哪些收获呢?

通过自我介绍，让人对你印象深刻；

基础表达，克服紧张表达流畅；

态势训练，提升感染表现力；

气场修炼，让你提升个人魅力。

在现实生活中具体场景再现，酒宴祝词，让你应酬潇洒自如；

工作汇报思路清晰，领导赏识；商业路演，提升企业家的营销魅力。

培训本身就是一门技能，对任何人来说，培训都是一项基本的技能。一个人无论什么身份、你什么职业，拥有“培训技能”是必需的。同时，在“培训技能”这个概念还没有被所有人认同的情况下，谁先拥有这样的技能，谁就拥有了竞争优势。

博览群书可以使人明智，了解过去，总结经验；了解现在，从容应对；了解未来，处变不惊。博览群书可以陶冶我们的情操，开阔我们的视野，丰富我们的生活，增加学习生活的乐趣。金牌讲师需要复合型知识的人才，如果你不博学一点，将来很难适应各种场合的演讲。博学是一个人综合素质的体现，这样的人才能够驾驭全局。

## 第二节　讲师快速突破线下登台恐惧的秘诀

面对台下众多的听众，任何没有经过训练的人，都会出现恐惧心理。一害怕，演讲前的所有准备就会功亏一篑。比如，请你上台发言，你说你不会；请你唱首歌，你说五音不全。这些都是自杀式语言。所以在演讲前，首先要做好一系列的心理训练，这样你才能泰然自若、自信满满地站在观众面前，顺畅地进行演讲。

## 一、为何很多人不擅长演讲

当众演讲可以迅速提高知名度，商业路演，扩展人脉，增加财富，募集资金，招纳人才等。如果你有很多的梦想未能实现，就可以利用公众演讲来达成。越伟大的梦想，越需要更多的人来帮助你实现，而公众演讲就是吸引更多人来帮你实现梦想的最好途径。

毋庸置疑，演讲有很多的好处。或许有人会说，我不会演讲，你让我怎么去利用它实现梦想呢？那么，为什么很多人不擅长演讲？根本原因是训练太少。

现实生活中，没有人天生会演讲，也没有人听演讲就会演讲。请问，游泳是靠看书学会的吗？当然不是，靠的是你不断在水里练习。你是通过看光碟学会开车的吗？当然不是，而是坐在车上不断练习驾驶才学会的。你是怎么学会英语的？不断地开口说。钢琴是怎么学会的？不断地弹……

掌握任何一门技能都离不开练习，当众演讲也不例外。想让自己成为一流的演讲家，唯一有效的途径就是，练习，练习，再练习。“台上一分钟，台下十年功”，说的就是这个道理啊！

只有完美的练习，才有完美的结果。演讲最重要的就是要不断练习，才能见到效果。否则，一切都是空谈。记住，演讲是练出来的，边学边练习方能见真功夫。如同一个演讲高手一样，在台上大方、自然、热情、自信地表达自己，吸引他人的关注。

豁出去了，反正死不了，只有完美地练习，才有完美的结果，开口、开口、再开口，实践、实践、再实践，练、练、练。

## 二、如何克服演讲前的紧张心理？

惧怕当众讲话，这是人的通病，即使熟练的演讲家在面对观众时，也会感到紧张，所不同的是，他们能把紧张化成活力和热情，把演讲做得很精彩。应对演讲时的紧张情绪，要有自信心、学会放松心情、学会与听众交流、在发言前做最充分的准备，可通过这4个方面缓解自己的紧张情绪。

1. 要有自信心

要成功先发疯，头脑简单朝前冲。豁出去了，反正死不了，自信是成功的第一秘诀。心态往往决定成败，相信自己能行，就能把事情做好。要有自信心，告诉自己：你是最棒的，你做了充分的准备，一定能够在演讲当中表现出色。这样给自己积极的心理暗示，十分有助于缓解紧张情绪。

我深信我能拥有人人羡慕的口才，
我将为此全力以赴地努力，
我将不再害怕任何人的拒绝，
我将用我的热情感染身边的人，
我将撕下面具、用心沟通。
没有什么值得我去担心和顾虑，
我要赞美我身边的每一个人，
我要让我的出现给他们带来快乐。
我发誓我要驱除恐惧的心魔，
告别过去的虚伪和掩饰。
我不再因为受到打击而自卑，
我要让信心和骄傲写在脸上，
我要超越自我、成为英雄，
我一定能拥有最棒的口才，我的生命因此而精彩。

2. 在发言前做最充分的准备

俗话说："不打无准备之仗。"在发言前，相信自己演讲的选题能够吸引听众；准备好演讲所需的材料；演讲稿紧扣主题，安排有序；对演讲稿非常熟悉，能够很好地掌握演讲时间。同时，要考虑到各个方面的不利因素，比如演讲场地、演讲时间、听众人数等客观因素发生变化等。提前做好心理准备迎接可能来自听众的各种各样的刁钻问题，尽量多准备一些假想问题的答案，可以先做适应训练。

3. 学会与听众交流

把你的听众当成朋友，不要害怕听众。讲师在演讲的过程中，一边演讲一边从听众当中找寻对自己投以善意且温柔眼光的人，并且无视那些冷淡的眼光。此外，把自己的视线投向强烈“点头”以示肯定的人，对巩固信心来进行演讲也具有好的效果。有时候把自己的视线投向一些其他的地方，比如某位女士戴的漂亮帽子，适当分散一下注意力也有助于缓解紧张情绪。当然同时注意自己的面部表情，一定不要垂头，适当地放慢语速也有助于稳定情绪，放松脸部表情。等稍微放松心情后，适当用激情和真诚去感化那些冷淡的表情与目光，最终征服所有听众。

4. 学会放松心情

深呼吸是缓解情绪最快，也是最有效的方法。当感觉心跳加快时，你赶紧做几次深呼吸，可以使心情快速平静下来。上台之前深呼吸，反复握紧拳头然后慢慢放松，这些方式都有助于演讲者缓解紧张情绪。来点幽默感，不要担心说出自己的紧张，相信大多数听众都会理解。优秀的演讲人和有吸引力的演讲内容只有加上恰到好处的幽默才能创造出成功的演讲。所以，当遇到怯场心理的袭击时，你不妨将之“幽默”而去，在听众轻松的笑声中解脱自己，也能够大大缓解紧张情绪。

## 三、讲师登台礼仪与技巧

1. 登台前

提前与主持人打招呼，确定自己的信息。看好地形、路线，了解听众的情况。整理自己的服饰、发型以及手中的资料和道具等。请相关工作人员调整好 PPT、音响视频效果、话筒高度等。与相关工作人员沟通演讲过程中的设备配合情况。调整心态，酝酿感情。

2. 登台后

登台后站立时，肩要平、身要直、头要正，自然、大方，不拘谨、不呆板。双手自然垂于身体两侧，或合拢后放在小腹或腰间（女性手位）；不要马上开口，先用3～5秒的时间看向听众，并用亲切的目光扫视全场，随后开讲。

3. 结束时

演讲结束后，继续与听众保持片刻的目光交流，以给听众少许时间消化你的演讲内容。走到立杆话筒另一侧，或走到舞台正中间，面向听众鞠躬。步履轻盈地缓缓走下讲台。下台后，也要注意你的一举一动。

## 四、自我介绍等于成功的一半

自我介绍，无比重要。介绍得好的，就能给别人留下深刻的印象，而介绍得不好的，给人的印象就模糊不清。

关于自我介绍，在这里给大家推荐两个方法。

1. 四要素法

自报家门，慢报全名，解释意义，重复名字。姓什么、叫什么、是什么字（接下来具体说是哪几个字，因为中国的同音、谐音字很多，很容易会写错）、有什么意义、一句祝福的话。

比如，大家好，我叫魏跃，三国时魏国的魏、踊跃的跃，也就是凡事都要踊跃向前的意思。好了，魏跃在此祝各位身体健康，走向成功！

2. 与工作联系法

运用这一方法介绍的主要内容是：姓名、单位、特长、与大家的关系。

例如，大家好！我是杨彦玉，陕西省健康管理行业促进会会长，金牌讲师黄埔一期班班长。我来自千年古都西安，喜欢帮助朋友，大家都亲切称呼我为大师兄。

这两种介绍方法的共同目的就是，让别人记住自己，与更多的人产生友谊和建立联系，从而携手同行，共创繁荣。

## 五、成功演讲从当众“丢脸”开始

成功从“丢脸”开始。成功者往往是面子丢完了，没有失败的机会了。其实这个道理并不难理解，可以举个例子。

比如，国外领导人只要站出来表达自己的立场，不管这个立场如何，总是有人赞成，也有人反对。如果太在意别人的眼光，像墙头草两边倒，最后两边都不讨好，所以你必须有那种不在意别人反对和批评的精神，才会坚定地表达你的立场，推行你的理念。

从外国总统选举的活动就可以看出，参加竞选总统的人在宣讲自己的立场时，总是有人支持，有人反对。支持者会报以掌声，反对者会臭鸡蛋。这就是一个演讲家应该具备的最重要的特质。抗压性、抗挫折的心理素质是演讲家必须有的，所以你在学演讲前，首先要练习好这种心理素质。

今天放下面子，明天更有面子。当把面子在教室讲台上丢尽的时候，也就是我们收获鲜花和掌声的时候。

新的开始新希望，
新的一天新阳光。
让我们开始新的追求，
播下新的梦想，
翻开新的一页，
写下新的辉煌。

# 第三节　五行思维赋能公众表达训练

说话形式有很多种，我们为什么要学习当众说话呢？因为当众说话是与我们职业发展联系最密切的一种说话形式。但是，有些朋友不敢说又不会说，怎么办？以下“五行思维模式”，为你全方位赋能公众表达，从此一发而不可收，越说越能说，越说越会说。

## 一、优美的声音是最有力的演讲武器

优美的声音是最有力的演讲武器。如果形象只能给人外在的视觉冲击的话，声音具有穿透力，能够引起灵魂的震撼。如果说形象是有距离的，那么声音就是没有距离的。

优美声音的四大原则：（1）清晰。清楚是第一要素，必须确保听众能够听清楚你说什么。（2）有力。听众能够在你的声音中感受到力量。（3）热情。你必须倾入你的热情在你的声音中。（4）悦耳。声音要有美感，至少不能让人难受，沙哑、尖厉的声音只能是特殊状态，不能是常态。当然，能够做到清脆、浑厚、深沉就更好了。

作为金牌讲师，美妙动听的音色占首要地位。就如同优秀的主持人一样，总能够游刃有余地用自然的音色去打动听众。这时候，说话就是技术活，所以，练习口才就要先从发音开始。声音是演讲的基础，一口纯正的普通话是金牌讲师的资本。不过，你的普通话不好，并不会起到决定因素，因为一个人的语言魅力，绝不仅仅来自普通话。即使地道的方言，也能让人听出感觉来。也许你具有地方特色的普通话，反而成了你独立的人设标签，很多领导人几乎都有口音，但并不影响他们的语言魅力。

### 1. 练声三步曲

练声三步曲如下。

第一步：预声带——发气泡音

预热声带，就是对声带进行预热。我们知道，声音是由气流冲击声带，从而产生振动才发出来的。预热声带，就是用最小的气息冲击声带让它振动，给它以按摩，达到调整和保养的目的。

吸气以后嘴微开，让气流缓慢冲击声带，不表达任何明确的意思，只是听到一串类似气泡的声音，就像平静的水面咕嘟出一串串的气泡来，所以称气泡音。按此法练习，时间一长，声带会变得很松弛、很柔韧、很健康。随时随地多练习，就能逐渐养成习惯。还可以在嗓子感觉疲劳时，忙里偷闲地练练，以缓解疲劳之感，塑造出圆润、饱满、响亮的声音来。

第二步：练嚼肌——开口嚼，闭口嚼

大多数时候，我们基本是一个表情，于是面部肌肉越来越僵硬，表情达意也不灵活，一副呆板模样。所以，需要多练嚼肌，即开口嚼一阵，闭口嚼一阵。想象成吃大苹果。长期这样的话，面部肌肉就会越来越活跃，表情会更加丰富，也更具表现力，你传情达意的效果自然会更佳。

第三步：挺软腭——吃苹果，学鸭子叫

口腔的上半部分叫上腭，上腭的前半部分叫硬腭，后半部分叫软腭。从发声角度来讲，要圆的不要扁的，要竖着的不要横着的。也就是说，当软腭挺起来的时候，发声就有了感觉，就有了传送的条件。如果不挺起来，就是平的，讲起来会感觉干瘪、含糊、声音送不出去。你自己不妨试试，感觉一下是怎样的状况。

挺软腭，是人们发声、传播、沟通、交流中的一个重要环节。怎么使软腭挺起来？请想象你手上拿着一个大苹果，第一口怎么吃，模拟一下，然后定格。一般这个时候，软腭就是挺起来了。另外，还可以用一个方法，就是直接学鸭子叫，“嘎——嘎——嘎——”这时，软腭也会挺起来。

软腭一挺起来，人的声音马上就变得圆润起来。所以，艺术院校的学生经常练声，就是为了使自己的声音更圆润、动听。

2. 绕口令训练

扁担长，板凳宽，

板凳没有扁担长，

扁担没有板凳宽。

扁担要绑在板凳上，

板凳偏不让扁担绑在板凳上。

四是四，十是十，

十四是十四，四十是四十。

莫把四字说成十，

休将十字说成四，

若要分清四十和十四，

经常练说十和四。

3. 活舌操训练

如何增加舌头的灵活性呢？每次在金牌讲师特训营中，我们都会训练活舌操。活舌操是锻炼舌肌的口腔操，坚持不懈，必定口齿伶俐、清晰流畅。活舌操分为7部分。

（1）卷舌训练：嘴微开，舌尖抵上齿背沿上腭向后钩。

（2）拱舌训练：舌尖抵下齿背，舌面拱起沿上齿往外凸，同时用上齿轻叩舌面。

（3）左右顶腮：双唇紧闭，舌尖顶左右腮，左右开弓，由慢到快。

（4）刷牙转圈：舌头沿上下齿外围转圈，先顺时针转几圈，再逆时针转几圈。

（5）伸舌舔鼻：将舌头伸出嘴外，舌尖向上卷，目标是尽量能碰到鼻尖。

（6）伸缩弹舌：嘴张开，腾出空间让舌头做伸缩运动，做弹舌状。

（7）左右摆舌：嘴半张，伸出舌头做水平横向运动，使两边舌缘分别触到两边嘴角。

活舌操训练：

天上看，满天星；地下看，有个坑。

坑里看，有盘水；坑外长着一老松。

松上落着一只鹰，松下坐着一老僧。

僧前放着一部经，经前点着一盏灯。

墙上钉着一根钉，钉上挂着一张弓。

说刮风，就刮风。

刮得男女老少难把眼睛睁。

刮散了天上的星，刮平了地下的坑。

刮化了坑里的冰，刮断了坑外的松。

刮飞了松上的鹰，刮走了松下的僧。

刮乱了僧前的经，刮灭了经前的灯。

刮掉了墙上的钉，刮翻了钉上的弓。

这是一段绕口令。

在金牌讲师训练营中，每期训练这个环节，可能觉得不够雅观，部分同学刚开始都没有放开。我就问大家，国家都放开二孩，鼓励三胎，你还把你这第一胎——舌苔藏得那么深，干什么呀？有些同学动作很矜持，我就大声说如果有哪位同学把舌头吞下去了，我负责给你拉出来，大家一下子笑了，心情打开了，我们就对着墙上大镜片，反复训练 7 遍，最后同学面对面地练习，后来收到的效果非常明显。

## 二、训练气息控制能力的四种方式

第一种方式是慢吸快呼，保持慢吸的正确状态吸气后，用一口气尽量说又快又多的话，主要以练习绕口令为主。在口才口语训练中，绕口令有趣有效，纠正错误，锻炼舌肌，由简到繁，由短到长，由慢到快。当然，绕口令不能一味求快，要求清、准、快、连，即清晰、准确、快速、连贯。

比如：

八百标兵奔北坡，

北坡炮兵并排跑，

炮兵怕把标兵碰，

标兵怕碰炮兵炮。

再比如：

牛郎恋刘娘，刘娘念刘郎，

牛郎牛年恋刘娘，

刘娘年年念牛郎，

郎恋娘来娘念郎，

念娘恋郎，念恋娘郎！

第二种方式是快吸慢呼，从各种曲艺、快板表演中可以看出它的特点，要求呼吸控制急而不促，快而不乱，长而不喘。如气息训练。

出东门，过大桥，

大桥下面一树枣，

一个枣，两个枣，

三个枣，四个枣，

五个枣，六个枣，

七个枣，八个枣，

九个枣，十个枣，

十个枣，九个枣，

八个枣，七个枣，

六个枣，五个枣，

四个枣，三个枣，

两个枣，一个枣。

这是一个绕口令，一口气读完才算好。

第三种方式是快吸快呼，日常打招呼、喊口号属于此类。

第四种方式是慢吸慢呼，用数葫芦来练习。

比如：一口气数二十个葫芦，一个葫芦、两个葫芦、三个葫芦……

数葫芦的呼吸控制及用声要求，一般要达到一口气能数十五个至二十个葫芦即可。由于数葫芦接近平时说话的状态，所以难度较大。但是练好了能够提高话筒前用声用气的实际控制能力。

## 三、金牌讲师如何正确表达态势语？

20 世纪 50 年代，一位研究肢体语言的先锋人物阿尔伯特•麦拉宾发现：一条信息所产生的全部影响力中，7% 来自语言文字（仅指文字），38% 来自声音（其中包括语音、音调以及其他声音），剩下的 55% 则全部来自无声的身体语言，这就是态势语言表达的万能法则。

1. 轻松掌握态势语应用的基本原则

态势语的基本原则是：尽量做开放式动作，除非特定内容，一般不做封闭式动作。态势语一定要大气，要举就举起来，要伸就伸出去，一切都是开放的、热情洋溢的。大家都知道：握紧拳头表示力量，张开双臂才能拥抱世界。

接下来，给大家一个可具体参考的态势语口诀。

直面听众表陈述，侧位以视顾全部。

昂首动情发正言，低头思索复悲怜。

点头 yes 摇头 no，眉眼姿态把心扣。

面部开合随心迹，手势动作应注意。

伸手前方表号召，拳头上举强有力。

脚步前移表希冀，后退暗含消极意。

文无定法文成立，态势语中无奥秘。

伴随有声音语言的表达，还存在一种依靠面部表情、手势和身体姿态动作，来辅助表情达意的无声语言，我们称之为“态势语言”。我们都希望自己讲的话说到人心里，有态势语的辅助，往往更能帮助我们将话说到人心里。在我们的表达中，态势语主要包括以下几方面。

（1）把自信写在脸上

随时保持信心十足、精神抖擞的状态，你的举手投足就会不一样。现在，倡导领导干部讲短话，并能够脱稿讲话。这就需要你往台上一站，一张口就不一样，举手投足都具有表现力，这样才会更好。

（2）全情投入，感人肺腑

要想感动别人，先要感动自己。因为只有感动了自己，才能真正去感动别人。

（3）手势大气，语势流利

当你全身心投入于讲话过程中时，保持大气的手势和流利的语势，马上就会让人感觉极具感染力。

（4）振臂一呼，应者云集

即使只是一个振臂一呼的背影，传递出的力量仍是巨大的。此时，周围的观众，每个人的眼神和表情，都会随着你的激情而燃烧，这就是应该达到的效果。

（5）态势语的融会贯通

在有效的传播中，除了文字和声音，态势语言占55%。因此，大方得体的态势语，能帮助一个人更快走向成功。而且，一招一式都需要我们用心体会，逐渐形成自己的风格。所以，一定要多加练习，灵活运用。

2. 肢体语言所表达的情感

体态语由头部、眼神、面部表情、手势、动作等组成。学会正确使用，提高你的说话能力。另外，手的语言要和文字内容一致，在演讲与培训中，手势是为语言服务的，语言是为内容服务的。

（1）头部

头部是人体最重要的器官。点头表示同意、肯定、赞成，摇头表示反对、否定、拒绝、不对等。抬头表示希望、祝愿、祈祷、请求等，猛一抬头表示顿悟。低头表示谦虚、内疚、思考、羞怯、委屈、哀悼等。向前伸头表示期望、关心、同情、倾听等。向后仰头表示恐惧、吃惊、迟疑、退让等。偏头表示怀疑。

（2）眼神

在说话过程中，需要与听众进行互动提问，比如鼓励听众提问时，或者专心致志地听或者对听众进行诱导、启发时，都可以采取局部环视法，有目的、有针对性地看着某些听众。在座无虚席的大礼堂、广场，可以采取虚视法。

眼睛不要盯着某一个具体的对象，要做到目光看似盯着听众，其实什么都没有看。这种注视法能够显示出说话者的气度，烘托现场气氛。如果听众不止一个，可以采取环视法。用眼睛周期性地环视所有的听众，掌握整个场合的所有动态，让所有的听众都有被重视的感觉。

（3）面部表情

丰富的面部表情，可以帮助有声语言传达出说话者的意图。面部表情由眉毛、嘴巴和面部肌肉变化形成。

（4）手势

在演讲中，手势是为语言服务的。在说话时，运用不同的手势，可以表达不同的意思，能为话语增加感染力。手势分为四种：形象手势、象征手势、情意手势和指示手势。

## 四、熟练掌握拿话筒的正确姿势

登台之后，表演者就变成了全场的焦点。一举一动都会在观众眼里无限放大！如何拿话筒是我们必须学习的一项基本功。一个标准、规范的握筒姿势，不仅可以给观众留下良好的印象，还能达到良好的收音效果，在一定程度上增强说话者的自信。用正确姿势拿话筒主要有以下几点要求。

1. 站姿

站姿要端正，挺直；面部表情自然，微笑；注意与搭档的配合交流，包括眼神与肢体动作的交流。

2. 试音

试音时，不要拍话筒的头，不要吹话筒；对于有线话筒，切忌经常拉扯引线，否则极易造成引线折断。

3. 拿姿

话筒与地面垂直，稍有角度；放在自己下巴位置说话，不要挡脸、不要贴在嘴上；话筒离自己的嘴巴两根手指的宽度、胸前大概一拳的距离；正确的拿法要在麦克风下方的1/4处（男士握住话筒的下端，女士握住话筒的中段，也可以。一般来说，男士手持话筒下端，会显得整体更加挺拔，且更显庄重、大气，而女士手持话筒中段，会显得更加柔美、矜持）；一般话筒的拾音指向性为30°的心形区域，正常说话的时候，话筒要与身体平行，倾斜角度不能越过30°。

4. 禁忌

话筒离嘴越近，话筒的拾音效果越好，声音也就越清晰，而话筒越靠下，离我们说话时的“喷气”方向越远，就越不会发生喷话筒的现象。但如果离嘴唇太近，时不时就会在说话时舔到话筒，显得非常不卫生健康。

左手右手均可拿麦克风；食指在麦克风的1/2处；大拇指放在开关位置；话筒与下颚平行；收音筒与下嘴唇距离1~2厘米，直立或倾斜不要超过30°，不能随意乱动。

## 五、如何熟练掌握演讲中的三动原则

成功演讲先从“不要脸”开始。我所说的“不要脸”，跟“臭不要脸”是截然不同的，我们金牌讲师要有尊严的不要脸。让说话生动形象的技巧，就是要加手势和脸上丰富的表情。

比如，在说“你的口才真棒”时，可以面带微笑，并加上手势说；说到“真棒”时，可以双目睁圆，嘴巴张开——这就是眉飞色舞！如果你双手同时伸出大拇指——这就是手舞足蹈！

1. 手势＋表情＝语言的生动

说话时运用适当的手势和表情，会使你的语言马上富有情感，语调上有起伏，有高低，有停顿，有重音——这就是语言的生动形象。

在讲台上面对众人时，是“舞生景”，面对众人讲话和生活中讲话最大的区别是没有实景。你面对的是一片片黑压压的人群。这时，没有受过训练的人，脑海里一片空白，说话结结巴巴，没有了感情。

怎样才能令讲话有感情，唯一的办法就是创造出一个景来，通过手势、面部表情，使其在讲话现场“舞生景”。具体的办法就是把脑海里存有的形象调出来，比如用手比画“医院的楼那么高”，你的眼前马上就出现了一座高楼。

### 2. 怎样才能大胆“舞”起来

手势不练不成形。没有舞过的人，大都会手足无措，不知道手往哪儿放，或者根本不知道怎么做手势。心里明白手势的好处，但是做不出，怎么办?

唯一的办法：多练。讲话的内容千变万化，手势和表情也千变万化，从哪儿学习呢？首先要掌握好三动的原则：生动、仿动、同动。

“生动”就是要从生活中找动作。

比如，用大拇指来表达成功，很贴切，别人一看就明白。

“仿动”就是模仿各种事物的外形来找动作。

比如，“我们要下定决心，不怕牺牲，克服万难，争取胜利”，四句话做一个动作，都是手握拳头重复地上下挥动，这就是重复的动作。但是重复的动作，让人感觉不舒服，视觉上很单调。由此看来，有些人讲话动作不是太多，而是重复的动作太多，我们要摒弃重复的动作，学习模仿。

“同动”就是声音和动作要同步。手势就像指挥棒，我们在舞台上合唱，指挥家在前面用手指挥，大家的声音就和他的手势同步。要做到手口同步，就要先把手举起来。因为做动作的过程要长，而语言出口过程要短。

### 3. 手舞在先，眉飞在后

做手势除了要遵循三大原则，还要“舞”得好看。怎样让手势美观大方呢?只需要掌握 4 个要领：手臂抬；手腕硬；虎口张；手舞在先，眉飞在后。

“手臂抬”，指的是胳膊肘在做动作的时候一定要抬起来，高过腰带，不能将手贴在腰上、夹在腋下做动作。

“手腕硬”，就是在做动作的时候，手腕不能软，和小臂形成一个整体、一条直线。手腕一软，手势就无力，讲话的语气就会缺乏激情和感染力。

“虎口张”，就是大拇指和食指要分开，不能五指并拢。五指并拢，看起来像是五个指头粘连起来的畸形手，从视觉上很不好看。虎口张开后，手部肌肉紧绷，五指伸直，指尖马上就有了力量。

“手舞在先，眉飞在后”，在实际训练时，我们要以练手势为主，面部表情为辅。在做动作的时候，面部表情自然也跟着配合，以“手舞足蹈”带动“眉飞色舞”。

## 六、即兴演讲是快速提升演讲口才的制胜法宝

“台上一分钟，台下十年功。”一个演示者为了准备一场演示，需要在内容制作方面花费很大的心血。而为了能够将这些演示内容在现场演示中达到预想的效果，演示者还需要在模拟演练中苦下功夫，使自己对所要演示的内容、思想烂熟于心，这是演示前最大的准备。

但是，生活中经常遇到各种形式的即兴演讲，金牌讲师该如何应对呢？

### 1. 模拟演讲五步曲

模拟演练的任务是要在反复的演练中发现自己语言、态势和思想等方面的强势和弱点，并进行及时的更换和调整，以利于现场演示得更加完美。模拟演练具体可以分为五步来操作。

第一步：集合模拟演练工具

首先，要准备好关于演示内容的材料。其次还需要一面镜子和一个懂得评价演示的“人镜子”来提供反馈，促进改善。

第二步：诵读规划演示

诵读，利于理解，利于记忆，直至倒背如流。在演练当中，诵读是一个基础性的过程，它的重要目的是对材料和表达这些材料的顺序的掌握。同时，这也是调整演示内容的重要机会，借此也可以确保所有的内容如希望的那样得到恰如其

分的传递。

第三步：面对镜子演练

一旦熟悉了材料，就要开始对着镜子并且转向使用提示和道具来进行演练。也就是站在镜子前面，开始脱稿演练。看着镜子中自己的“表现”，感觉是否能让人舒服？哪些地方会让人感觉到别扭？哪些地方需要进行改进？

第四步：在一个“听众”前演练

准备好一个“人镜子”给自己提出专业而有价值的建议。这个人可以是自己的家人也可以是朋友、同事，但是，无论如何，这应该是一个诚实、率直、能够为我们的事业着想、值得信任的人。

第五步：在一小群人面前演练

同样，我们需要尽可能创造一个同实际演示相似的环境：讲台、桌椅、道具，特别是与最前排的听众之间的距离。这样，就能感觉到自己声音的力度是否能够传播得足够远。这个时候不仅要学会控制声音，使人们听起来舒服，还要学会注意听众的身体语言和反应，是否听明白了。

### 2. 命题演讲三步走

命题演讲主要经过构思、演练和正式演讲三部分，其中最能影响全局的是构思。一个演讲家，只有亲自完成这三个阶段，才能更好地运筹帷幄。

在撰写完演讲稿后，就需要反复演练。演练的基本工作就是背诵拟定好的演讲稿。在练习时，要对着身边的人练习，让别人帮助自己发现不足，比如，站姿、手势、口头禅，才能不断进行修改和完善。

一般在前两个阶段，都对演讲过程中的每个细节已经精心设计，比如用开场白来营造气氛，用绕梁三日的话来结尾，但是对于中间部分的高潮起伏，却并非只靠演讲稿就能完全掌控，还需要专门的训练。

### 3. 出口成章的即兴演讲训练

人们在一些特殊的场合，会遇到毫无准备的发言。比如，一些正式的聚会，发表获奖感言，还有陌生场合中的自我介绍等。这种没有时间和精力去做准备，临时发表的演讲就叫作即兴演讲。

一个即兴演讲,必须选择有价值的话题。演讲者中途被“通知”,发表演讲时，一定要对所参加的活动有所了解；即使不了解，也要做好咨询工作，才能在演讲时围绕主题来选择话题。

要选择自己熟悉和擅长的话题，因为有自己的体会，才能形成自己鲜明的观点，才更容易打动听众。如果你选的是陌生的话题，自己都没有弄明白什么意思，只会使演讲者陷入被动的境地。

此外，选择听众喜欢听的、感兴趣的。无论是自己擅长的，还是听众感兴趣的，都要围绕活动的主题。演讲者一定要有统筹全局的思路，不断转换角度，争取用最恰当的角度和时机来展示自己的演讲魅力。

## 第四节　金牌讲师课程开发与内容设计

### 一、为何说传播正能量是金牌讲师的首要任务?

“正能量”泛指一切给予人向上,给予人希望和追求,使人行动的动力和感情。正能量是一份爱心和关怀，它可给人以希望和信心。传达、传播这种爱心、希望和信心，不仅是我们这个时代的需求，更是我们每个人在人生发展中的责任。关怀别人、帮助别人、激励别人也是关怀、帮助、激励自己的一种方式。

传播正能量对社会起到积极作用，传播负能量却给社会带来极大的危害。管理好自己，就是最大的正能量。

传播正能量，是新的开始、新的希望、新的一天、新的阳光，让我们开始新的追求，播下新的梦想，翻开新的一页，写下新的辉煌。

作家威塞尔曾说:“美的反面不是丑，是冷漠；信仰的反面不是异端，是冷漠；生命的反面不是死亡，是冷漠。”曾经一度，因“医生被杀事件”“老年人摔倒无人理会”……这些极端事件，让我们有过道德下降的担忧和焦虑。同时，每一个善良而正直的人心中都深藏着一种渴望，渴望我们这个社会少点冷漠多点温暖，渴望人与人之间少点戒备多点相助。

讲师分几种，一种是给他人带来希望，一种是给他人带来失望，最害怕的是给人带来绝望。任由世事变迁，爱与善始终是社会的主流、时代的潮流。从这件小事的加速度发酵、传播，不难看到它带给人们内心的触动和产生的共鸣。作为金牌讲师，遇到事情不能一味抱怨和指责，要学会科学辨识与正确引导。

讲台或直播间都是一个公众舞台，是传播知识、转变观念和提升技能的舞台，站在讲台上，或直播间，就要注意形象。金牌讲师授课，同时也是一种商业行为，所以金牌讲师更应该注意自己的言谈举止。

禁忌一：传递负面信息

传递负面信息主要是指，用抱怨、指责、嘲笑等负面的手段传递信息。遵循三不原则：不攻击，不争论，不放弃——不攻击对方个人，不争论对方观点，不放弃课程完整性。保持冷静和风度。

禁忌二：故意贬低同行

金牌讲师不应该在公众场合贬低同行，尤其是在背后贬低同行，其实贬低同行的同时也就是贬低自己。恶意贬低同行不但不能让大家认同，反倒会引起大家的反感，也影响到讲师的素质和声誉。

禁忌三：造谣传播谣言

有些讲师喜欢搭蹭公共政策、宏观经济形势、重大灾难事故、社会热点事件等，断章取义歪曲解读、颠倒是非抹黑攻击、渲染悲情煽动对立，制造损害党和政府形象、干扰经济社会发展的有害信息。

禁忌四：涉及敏感话题

如果说讲师讲课有硬伤，还只是缺乏技巧，是专业层面的问题；如果在讲台上的言谈举止，违禁使用敏感词，甚至触犯一些法律法规，就已经超出讲课本身，直接关乎讲师的职业生涯前途和命运安危。

## 二、听众性格分析与心理需求

对于一个演示者来说，演示内容的设计是最反映实力根基的一个环节。这个环节既需要知识和经验的积累，又需要即时灵感的浮现和巧妙而合理地整合设计技巧。如何将众多的思想、观点、信息等，按照逻辑条理性整合成一个有骨有肉自成系统的课程？如何找到成功设计课程内容的规律性技巧？

在演讲的时候，台下的听众在想什么呢？他们来听你演讲的目的是什么？什么样的演讲才能打动他们呢？要猜透听众的心理并非易事。只有了解听众最关心的 5 个基本问题：你是谁？我为什么要听你讲？你讲的内容对我有什么好处？你如何证明你讲的是真的？为什么我照你讲的意思去做是正确的选择？掌握了他们的心理，你的演讲才更容易成功。

### 1. 听众的五大动机分析

准备一场演讲，必须事先了解听众的构成，以便有针对性地做好演讲材料、演讲技巧、演讲风格的准备。

从参加演讲会的目的来看，听众大致可分为以下 5 种类型。

（1）慕名而来

一般群众对各类名人都怀有一种敬仰、钦慕之心。因此，著名政治家、科学家、演讲家、体育明星、影视明星等发表演讲时，往往会有大批听众慕名前往。此类听众大多是为了一睹名人风采，他们一般不太计较演讲水平的高低。同时，潜在的崇拜，往往使名人的演讲在听众中激起异乎寻常的热烈反响。

（2）求知而来

为了获取新的知识和能力，听众会自觉选择那些能满足自己求知欲的演讲。如学术讲座、技术辅导、国外见闻等演讲能够吸引大批听众正是因为这些演讲满足了听众的求知欲望。此类演讲只要内容充实，条理清晰，听众一般不会过于挑剔演讲技巧。

（3）存疑而来

听众对自己渴望了解的演讲话题总是抱着极大的兴趣。例如，调整工资、保健问答、产品介绍等，如果关系到听众的切身利益，听众会十分主动地参与到演讲交流过程中来。此类听众只要求演讲者把演讲内容交代清楚，他们对演讲者的身份、地位和演讲水平不会有苛刻的要求。

（4）捧场而来

在某些演讲，特别是命题演讲，往往有一些演讲者的同学、同事和亲属前来助威和捧场。这类听众的人数虽少，但在渲染演讲会场气氛、调动其他听众情绪方面却能起到极其重要的作用。演讲比赛和体育比赛一样，东道主往往因“地利人和”而占据优势地位，其主要原因是拥有自己的捧场者。

（5）不得不来

工作报告、经验交流、各种庆典的会场上，有相当一部分听众是由于纪律约束或出于礼貌而不得不来的。这类听众对演讲内容不甚关心，在演讲过程中心不在焉，态度冷漠。要征服这类听众，演讲者必须具有高超的演讲技巧。

### 2. 怎样运用性格分析快速掌握学员心理？

金牌讲师可以通过性格分析，快速掌握学员的心理。

（1）遵循“情感倾向性”

把人的情感倾向分为“内向型”和“外向型”，这是瑞士心理学家荣格的著名理论。

外向型，也可以称为“快节奏型”，总体特点是：外向、乐观、开朗、自信；行动力强；精力充沛；反应迅速；乐于参与；好展示；喜争论；注重实效；目标明确；缺乏耐心，不能持久，宽容不够。

内向型，也可以称为“慢节奏型”，总体特点是：内向、悲观、沉默、缺乏安全感；反应较慢；善于思考；稳重踏实；沉默内向；不善展示；遵守规则；坚持不懈，耐心持久。

（2）遵循“思维倾向性”

有些人喜欢和人打交道，喜欢和别人在一起，而有些人喜欢做事情，喜欢完成任务。因此可以分为以工作任务为中心的“任务导向型”（也称为工作导向）和以人际社交为中心的“社交导向型”（也称为人际导向）。

任务导向型性格的特点：目标明确，喜欢工作，总是在不停地忙碌，要么做计划，要么思考问题，要么就在行动，不会让自己停下来，认为娱乐就是浪费时间；总想着做事，只关注任务的进展，不太关注人的感受，给周围的人很大的压力。

社交导向型性格的特点：关注人的感受，总是喜欢和人在一起，喜欢娱乐；注重友谊，善于和人打交道；没有明确的目标，随遇而安，适应能力很强；不在乎细节，注重人的感受；友谊第一，原则第二；生活第一，工作第一。

（3）金牌讲师如何快速区分学员个性

金牌讲师可通过下表，来快速区分学员个性。

**表 3-1　学员个性分析表**

| 类型 | 表现 | 备注 |
|---|---|---|
| 支持者 | 表情：微笑、专注、热情 | 表示赞成、支持 |
| | 坐姿：前倾 | |
| | 其他：做笔记、掌声、互动 | |
| 反对者 | 表情：严肃、藐视、厌烦、反感 | 表示反对、怀疑、厌烦 |
| | 坐姿及手姿：后仰、双手交叉 | |
| | 其他：摇头、嘀咕、指点、无回应 | |
| 中间派 | 表情：淡漠、迷惘、心不在焉 | 无所谓的身体语言 |
| | 坐姿：瘫坐、双手下垂 | |
| | 其他：自顾自做其他事情、被迫回应 | |

说明：可以通过身体语言看出其态度，并快速判断学员的类型。

## 三、科学的课程结构化设计

我们在金牌讲师班中开设科普写作课程的目的，也就是锻炼讲师的打腹稿的基本功。科普写作课程要求凤头、猪肚、豹尾的结构。也就是文章开始如凤凰的头那般漂亮，良好的开端是成功的一半；文章中间的内容是核心，也就如同猪肚子那么充实和丰满；文章结尾要如同豹子尾巴那样短小，结尾干净利落。如何将授课内容有效地组织起来，成为一个有机的整体？所谓内容整体的结构，就是指正文的各个内容之间如何排序，以及用什么方式将各个内容连接起来。

### 1. 课程结构化的原理

“电梯时间”是麦肯锡公司衡量表达效果的一个重要手段和指标。它要求讲述者在一分钟内，把自己要讲的内容简单明了地表达出来，以便于大家理解。

电梯时间的模式是：

我今天给大家分享的主题是……我将分为以下三个部分进行阐述。

第一部分：开场。

第二部分：正文。

第三部分：结尾。

正文是重点，我将从四个方面进行阐述：第一方面……第二方面……第三方面……第四方面……

电梯时间也是金牌讲师必须掌握的一项工具，在每次培训前，金牌讲师都要试着用电梯时间对内容进行总结和概括，如果概括不出来，说明逻辑是存在问题的，在结构上也有不合理的地方。

如何掌握电梯时间？关键就是结构化，即把内容结构化。

### 2. 课程结构化的作用

（1）让内容逻辑清楚，便于表达。从表达者的角度看，结构化便于表达者按照某种符合逻辑关系的方式，把需要表达的内容有效、顺利地表达出来。如果结构是混乱的，就会导致思路混乱，表达就会出现问题。

（2）科学组织内容的顺序，便于理解。从听众的角度看，结构合理、逻辑清晰的内容，有助于听众在最短的时间内明白整体的结构、内容，便于理解和掌握其内容和含义。

3. 课程结构化的 7 种模式

（1）时间式

时间式也称“先后式”，有时也叫“编年体式”，就是按照事物发生的先后顺序连接起来。时间式是最简单也是最容易掌握的一种结构模式。时间式既可以成为课程整体的主要结构，也可以是某个内容分支的结构，比如讲的某个案例可以运用时间式。

（2）分类组件式

分类组件式也称“单元式”“模块式”,即把内容按照某种维度分成几个模块，然后将各个模块按照某种方式组合起来。选择模式的依据是：有具体时间的阶段性的就选择时间式，没有具体时间的阶段性的就选择进阶式。

（3）A / B 式

A / B 式就是按照 A 和 B 两个部分组成的模式。A / B 式又可分为以下几种。

问题 / 解决方案式：第一部分提出问题（作为 A），第二部分针对这个问题提供解决方案（作为 B）。比如，“生活方式常犯的 10 个错误”课程就采用这种方式——第一部分：拒绝承担责任（A）；第二部分：让管理者勇于承担责任（B）。

形式 / 功能式：这种模式常常运用来讲述某种健康仪器设备，首先介绍仪器的某种形式，然后介绍这种形式有什么功能。

设问 / 解答式：首先提出一个问题，然后进行解答；其次，再提出一个问题，进行解答。

A / B 式通常作为局部的一种结构模式，而很少作为整体的结构模式，除非是内容比较少的时候。如果内容太多，用时太长，就需要和整体的结构模式配合运用。

（4）案例分析式

案例分析是指提出案例，进行分析；再提出案例，再进行分析。案例分析既是一种结构模式，也是一种教学方式。

如果内容比较多，案例分析式常常用得比较少。案例分析式更多用于局部，整体上用案例分析式不多。因为不可能整个课程只分析一个案例，除非时间很短。如果时间短，可以只用案例分析式。

（5）矩阵式

矩阵式是指设计某个矩阵，然后就矩阵的每一个模块分别进行阐述。矩阵式在视觉上给人产生冲击力，很容易让人理解其中的逻辑关系。矩阵式还让人感觉有“科学”的效果，通常能够设计“矩阵”的都是很科学的。培训中矩阵式用得不多。

（6）对比式

对比式是指将两个事物通过比较的方式进行阐述，可以很快把各个事物的优、缺点凸显出来。本书很多内容都是采用的这种方式，比如讲“需求调查”时，介绍各种调查方法就是采用的对比式。

（7）复合式

复合式是指以一种结构为主，结合几个结构模式为一体的结构模式。通常一个完整的培训都是由复合式结构组成的。

复合式 = 主结构 + 辅结构

培训的内容就像一棵大树，主干就是主结构，枝叶就是辅结构。越是长得好的树，其主干越是清晰；相反，那些低矮的风景树常常是枝叶交织在一起、杂乱无章的。

我每次在金牌讲师特训营讲结构化的时候，总是让学员重新设计自己讲课内容的结构，很多学员的课件要做较大幅度的修改，有的甚至需要完全打破重来。但是一旦调整好了，整个课程的流畅性就大大提高了。

结构化课程，其实是结构化思维。思维的改变是很难的，但也是必需的。优秀的课程都是结构化非常清晰的课程。

## 四、丰满内容的柜子抽屉理论

一个演示到底应该包括什么内容？就像人体内要有骨头，有肉，有水分，人才成其为人一样，一个演示需要有深刻而系统的思想（骨头），要有丰富的材料（肉）来使思想变得充实而有力，需要有真挚而适度的感情（水分）使整个演示变得饱满而有生气。所谓“晓之以理，动之以情”就是这个道理。

### 1. 正确而深刻的健康观念

任何演示，均像说话和写文章一样，要传达一定的信息，一定的思想、内容和观念。比如，健康管理课程的演示，所要表达的是把健康的生活方式和行为习惯，以及健康的思想和信息内容观念传达给学员。

### 2. 丰富而充分的材料准备

为了证明和充实自己的思想论断，需要大量的材料来作为培训演示的血肉。这些材料包括：现实材料和历史材料、正面材料和反面材料、概括材料和具体材料、直接材料和间接材料。要让演示中具备丰富而充分的材料，需要从材料的收集积累、材料的精心选择和材料的巧妙运用三方面下功夫。

### 3. 运用柜子理论积累材料

有了素材之后，就需要统筹使用，布局谋篇，打出一个“柜子”。比如，要打造一个“演说训练”的柜子，整个柜子就得有好几层的抽屉，可以包括演说准备、脑的训练、口语表达训练、态势语训练、即兴演说……把所经历的人和事分门别类，看看是应该放到“演说准备”抽屉里，或是放在“脑的训练”抽屉里。

### 4. 材料的巧妙运用

选择出来的材料应该如何进行调整和配置使之最大效能地为整个演示“增添光彩”呢？这就要靠材料的巧妙运用。材料的巧妙运用实际上是一个整合的过程，类似于写文章，某一个材料放在前面先提出，还是等到后面再叙述，哪一个效果更好，这都有讲究。

在现如今，先提出一个案例设下悬念引起听众的兴趣，然后做理论陈述（能用形象生动的语言、图像等表达更好），接着用生活中浅显的例子证明理论的正确性以及现实意义，最后，分析前面提出的案例（能与听众建立互动最好），这似乎已经成为众多演示者设计演示内容时组织材料的一种套路。当然，中间有许多知识点的延伸，是完全可以古今中外侃侃而谈的。

## 五、与凤头猪肚相呼应的豹子般结尾

接下来，我们来看与凤头猪肚相呼应的豹子般的科学结尾。

1. 科学结尾的作用

（1）强化主题。在培训临近结束的时候，由于培训中有太多的内容，很有可能导致部分学员遗忘和模糊了主题。这时候做一个总结，可以再次强调主题，给学员留下深刻的印象。

（2）突出重点。如果内容太多，有可能导致学员无法把握重点，无论学员多么认真听讲，都不可能掌握所有内容。在即将结束的时候，用简短的话突出重点，可以帮助学员掌握得更全面、更牢固。

（3）提炼思想。课程的精华在哪里？这么多的案例、故事论证到底有什么用？如何由点到面，举一反三？这就需要提炼观点和思想，用最简短的话把你的思想提炼出来，带给学员积极的力量。

（4）促进行动。“课上激动，课后不动”是对培训现象的一种描述。为什么有这种情况？一个重要的原因就是结尾出现了问题。很多老师因为不合适的结尾，结果把自己所讲的内容“一笔勾销”，无法给人积极的力量。运用一个有力的结尾，可以有效地促进学员行动。

2. 科学结尾的 4 个原则

（1）必须有结尾

有始有终是对培训的基本要求，一个完整的培训必须有结尾。有头有尾、有始有终才算完整。

（2）结尾要完整

结束语不等于结尾。结尾部分是培训演讲非常重要的一部分，是一个完整的内容。“我的培训到此结束，谢谢大家”这样的话不是完整的结尾，只是结尾的结束语，完整的结尾必须包括两部分内容“结尾＋结束语”。

（3）结尾要积极

结尾要给人带来积极的力量。培训演讲的一个重要目的是“说服”，说服的结果就是要“促进行动”。金牌讲师要好好设计结尾，有力的结尾会给学员带来力量，促使他们积极行动。

（4）结尾不是结束

结尾不是结束，而是真正的开始。很多金牌讲师以为培训课程结束就万事大吉了，其实，好的结尾会让人意犹未尽，充满期待。一次培训的结束，仅仅是某个主题的结束。一次培训并不能解决所有问题。所以，当某个课程结束后，金牌讲师要引导学员继续去学习其他方面的主题，让学员对其他的内容充满期待。无论其他的内容是否是一位老师讲，都应该推崇其他的课程。

## 六、如何利用 DeepSeek 一键生成 PPT？

工具是为演讲服务的，PPT 是为内容服务的。一是帮助讲师表达，二是帮助学员理解和记忆。记住八个字“以我为主，为我所用”就可以了。PPT 的定位是“辅助金牌讲师的教学工具”，是金牌讲师制作 PPT 的指导思想。它遵循的基本原则是文不如字、字不如表、表不如图、图不如景、景不如情。想了解如何利用 AI 一键生成 PPT 之前，先熟悉传统 PPT 制作思路与流程。

### 1. 传统 PPT 制作思路与流程

如何制作 PPT，是金牌讲师面临的问题，很多人都羡慕很多老师制作得 PPT 很漂亮，其实每个人都可以制作漂亮的 PPT。现在的 PPT 软件非常先进，不需要懂太多的软件技术，也不需要高深的理论。PPT 软件类似于傻瓜相机，一学就会。制作 PPT 的关键是构思和逻辑。因此本章并不讲 PPT 操作技巧，而仅仅讲制作 PPT 的思路和流程。

PPT 的制作注意以下几个流程：

（1）制作 word 文档资料

制作文档资料是重要的基础，尤其是培训新手，一定不要省略这一步。

因为书写文档内容的过程是将所讲内容进行完整系统整理的重要步骤和手段。如果省略这一步，就可能对内容不熟悉，导致在正式讲课的时候出现状况。

（2）提纲化

当写好文档资料后，就需要把文档资料提纲化，就是将文档资料的重要内容用提纲以及标题的形式表示出来，这个归纳的过程也是熟悉内容的过程，这样文档资料就变成了“培训大纲”，现在，当看着提纲自己都明白会讲什么内容。这种概括的方法也能帮助金牌讲师记忆。同时概括化的过程也是结构化的过程，整个内容更具有逻辑性，因为提纲更能看清楚结构。

（3）提炼美化

这一步包括两个步骤。

首先，把提纲化的内容复制，粘贴到 PPT 上，这样形成初步的 PPT。整个工作就转移到了 PPT 上了。强调的是，本处的复制和粘贴是提纲，而不是 Word 文档的所有内容，防止犯 PPr 综合征。

其次，就是将 PPT 上的内容进行美化，使之成为真正的 PPT。美化 PPT 的要求是：第一，符合 PPT 制作的整体要求；第二，让 PPT 逻辑化和视觉化。

接下来就是制作美化 PPT 的关键内容。。

（4）设计逻辑化

把内容结构化，最典型的做法是依据金字塔原理进行设计。符合逻辑关系，所有 PPT 入筐。找出事物之间的相互关系，用一个概念来概括他们，也就是必须把他们归类，放在某个框子里。

通常 PPT 整个内容分为“三段式”，开场、正文和结尾。制作 PPr 的时候，金牌讲师自己必须明白，每一张PPT所处的位置，是开场白呢，还是正文，还是结尾。开场、正文和结尾分成三个筐，所有的PPT必须进入某个筐子里。

这就要求每张PPT之间有逻辑关系，它们之间的关系必须清楚地表达出来：是并列关系，还是先后关系，还是包含关系。

总结起来讲，逻辑化包括两点：

第一，整体上要符合逻辑，每张PPT要有自己合适的位置，必须“人筐”。

第二，每张PPT内容必须符合逻辑，可以用A/B方式阐述，如果某些内容归不进去，也是不符合逻辑的。

2. 利用AI一键生成APP的原理与优势

利用AI一键生成APP,可以通过一些专业的AI应用开发平台或工具来实现。这些平台通常提供了可视化的开发界面和丰富的AI模型库，用户只需通过简单的拖拽和配置，即可快速构建出具有智能功能的APP。其原理和优势分析如下：

（1）实现原理

①自然语言处理：AI系统分析输入的文本内容，提取关键信息、理解逻辑结构，如将内容按主题、要点、细节分层。

②内容布局算法：根据文本结构和类型，运用预设的布局算法，智能匹配标题页、内容页、图片图表展示页等合适的布局样式。

③智能素材匹配：利用图像识别、语义理解技术，依据文本内容从素材库中匹配合适的图片、图表、图标等素材，增强视觉效果。

④设计风格学习与应用：通过学习大量优秀PPT设计案例，掌握不同风格特点，根据用户需求或文本属性应用相应设计风格，统一字体、颜色、配色方案等元素。

（2）独特优势

①高效便捷：无需逐页制作，输入文本或大纲即可快速生成PPT框架和基本内容，节省大量时间和精力。

②降低制作门槛：对缺乏设计经验和技巧的人友好，无需掌握专业设计知识就能生成有一定质量和美感的 PPT。

③激发创意：提供新颖的内容组织和展示方式，智能推荐的素材和设计元素能为用户带来新创意和灵感。

3. 使用 DeepSeek 一键生成 PPT

使用 DeepSeek 一键生成 PPT，主要通过 DeepSeek 搭配 Kimi 来实现，以下是具体步骤：

（1）打开 DeepSeek 输入需求：访问 DeepSeek 官网，在对话框中输入想要生成的 PPT 主题、自己的身份、面向的人群及其他要求等内容，要求 DeepSeek 以 Markdown 格式输出，同时开启深度思考 R1 模式以获得更优质内容。

（2）复制生成内容：DeepSeek 生成 Markdown 格式的文本后，点击右上角的“复制”按钮，将 PPT 大纲及内容复制下来。

（3）打开 Kimi 的 PPT 助手：进入 Kimi 官网，点击左侧的“PPT 助手”。

（4）粘贴内容并生成：把从 DeepSeek 复制的内容粘贴发送给 Kimi，界面会展示 PPT 内容，展示结束后出现“一键生成 PPT”按钮，点击该按钮。

（5）选择模板并下载：挑选适合的 PPT 模板场景和设计风格，即可生成 PPT，还能选择下载 PPT 或 PDF 格式，也可点击右下角的“编辑 PPT”进行二次编辑。

4. 做 PPT 的国产 AI 工具有哪些？

在国产 AI 工具方面，有多款优秀的工具可供选择。以下是一些常用的国产 AI 工具及其功能特点：

（1）扣子（Coze）：这是一个 AI 智能体开发平台，支持通过拖拽连接的方式搭建 AI 应用。用户可以在平台上创建空白项目,并设计“工作流”和可视化“用户界面”，从而一键生成 APP。扣子平台提供了丰富的 AI 模型和功能组件，可满足多种应用场景的需求。

（2）AIPPT：这是一款专注于 PPT 生成的 AI 工具，支持 AI 生成大纲和一键排版生成 PPT。用户只需输入内容或上传 Word 文稿，AIPPT 即可自动分析并生成匹配的 PPT 大纲和样式。此外,用户还可以根据喜好选择模板并进行细节优化。

（3）可灵 AI：这是一款以网页端为主的 AI 视频生成工具，支持文生图、文生视频、图生视频等多种生成模式。用户可以通过简单的文字描述快速生成图片和视频，并可选择大量模板进行复用。可灵 AI 在生成物理效果和支持长视频方面表现出色。

（4）Kimi：这是一款智能助手类 AI 工具，支持长文本处理、智能搜索和 AI 生成文章等功能。Kimi 可处理高达 200 万汉字的超长文本输入和上下文，能够快速总结、分析和解读长文档。此外，Kimi 还提供了 AI 生成 PPT 等实用功能。

（5）文心一言：这是百度推出的 AI 工具，擅长自然语言理解和生成。文心一言在文学创作、商业文案创作等方面表现出色，并支持 AI 绘图功能。用户可以利用文心一言的文本润色和摘要提取服务来优化和精简文本内容。

此外，还有如豆包 AI、亿图脑图 MindMaster、腾讯混元大模型 API 产品等国产 AI 工具，它们各自具有独特的功能和优势，可根据具体需求进行选择。 总的来说，利用 AI 一键生成 APP 已成为可能，并且有多款优秀的国产 AI 工具可供选择。这些工具不仅提高了开发效率，还为创新提供了无限可能。

5. 注意 PPT 运用不当的八个细节

PPT 运用不当的八个细节如下。

（1）文字太多

大段的文字充斥在 PPT 上，没有用标题和短话等概括性的方式言简意赅地表达主题。单张的 PPT 上满是文字，段落、标点符号等一应俱全，这不是 PPT，是 Word 文档。

（2）图表堆砌

很多图表，如饼形图、柱形图、矩阵图之类的集中放在同一张 PPT 上，显得很臃肿，容易分散学员的注意力，学员不知道到底应该看哪张。

（3）图片太多

PPT 中粘贴了太多的图片，有些与主题无关。这是很多金牌讲师喜欢做的事情，他们觉得单纯的文字不够漂亮，有些空白也不够完美，于是在 PPT 中尽可能加入图片。

（4）图片低劣

选用的图片多是些贴图，有的既没有美感，和主题关系也不大；有的尽管是符合主题的，但是由于选择的图片质量差，没有经过处理，没有美感，反倒让学员看了不舒服。

（5）层次太多

同一张 PPT 上的内容，层次太多了，阐述不清楚。有些逻辑感很强的金牌讲师，对于逻辑非常重视，甚至是痴迷，要求自己要不断深入、深入、再深入，所以他们做出来的 PPT 逻辑层次很多。他们自认为这样可以显示自己的专业水平，但是忽略了学员是从视觉角度去看待 PPT 的，太多的层次只会让他们感到迷惑。

（6）字体字号变化太多

同一张 PPT 上运用了超过 3 种的字号和字体，看起来就很花哨了。有的金牌讲师觉得只有“差异”“变化”才能产生美感，所以尽可能把多种字号、字体都运用上。

（7）五颜六色

颜色太多了，过于花哨，反而无法显示主题。这是把 PPT 当成了花园，万紫千红，只能看到“颜色”，而不是“花”。

（8）过于简单

PPT 没有经过任何设计，只是些文字内容。或者一张 PPT 上只有几个没有处理的文字。

## 第五节　怎样让你的演讲“鲜活”起来？

每一个讲师，都有自己的特性，根据讲师的个性特征，结合不同的主题和学员状况选择相应的培训模式，根本作用就是增强培训效果，丰富培训形式，活跃培训现场，最终的目的就是确保培训质量。

### 一、金牌讲师舞台互动法宝

作为讲师，最基本的道德底线，就是不能把人讲睡着。因此，互动在演讲中就显得非常重要。互动的方式越多，模式越灵活，课堂效果自然就越好。

1. 提问法

提问法是最简单有用的互动方法，通过提问能引起学员的兴趣。作为互动，提问法可以贯穿课程的始终。实际上，有经验的金牌讲师总是通过问题来吸引学员的注意，号召学员的参与。

2. 活动法

活动可以在培训的最开始做，通常叫“热身活动”。培训过程中也可以采用互动活动。互动活动要求只是“小活动”，目的仅仅是为了“互动”，要求如下。

时间短：1 个小时的课程，活动时间要控制在 10 分钟之内。

规模小：不一定是每个学员都参加，也可以选择代表参加。

活动范围小：在教室内的空地上就可以进行，尽量不要移动桌椅之类，也不要转移到室外，更不要跑很远的距离，活动范围一定要小。

3. 游戏法

游戏和活动法比较类似，区别在于：游戏法比通常的活动法更具有趣味性。有趣味的活动就是游戏。游戏法需要注意以下内容。

第一，与主题相关；

第二，与主题的氛围一致；

第三，注意数量，不要冲淡主题；

第四，控场。

### 4. 语言引导法

语言引导法其实就是“说半截话”——金牌讲师说前面的话，后面的话引导学员说出来。这种方法可以贯穿培训始终，保持对学员的吸引力并增强参与性。

比如，我讲“人格管理”课程时，通常会讲“俗话说，江山易改……”故意把“易改”两个字音拉长，然后停住，接下来学员就会说“本性难移”。

语言引导法可以借助常用的成语、俗语、歇后语等，也可以引用名人名言，该法同样可以贯穿整个培训始终。

### 5. 动作引导法

动作引导法与活动游戏法比较类似，只不过动作不需要太大，只是身体的某部分（尤其是手）要做些动作。既然是引导，就要用自己的动作去带动。

### 6. 道具运用法

运用道具是一种培训模式，也是互动的一种方式。只是作为互动方式来说，道具的运用只是某个环节的内容，道具并不是贯穿始终的，如果贯穿始终就是一种培训模式了。

我在讲“人体结构”课程时，通常会邀请两位男女同学上台，询问对汽车的部件了解情况。接下来让大家画出人体五脏六腑，画完后相互交换看。当大家错误百出，笑声不断的时候，课程助理会端上人体结构小模型。这种授课效果，远远高于死盯 PPT 模式。

### 7. 学员演示法

金牌讲师可以设计某个活动或者某些内容，请学员代表来演示，通过学员实操来达到效果。这就是学员演示法。学员演示法是部分学员上台来演示，如果全部学员都参与就是活动游戏法。

我们每次课程基本上都会用学员演示法。比如，我在课程中让学员上台互动；

也请具有典型特征的学员代表上台来演练，让其他学员共同来点评，每次都会带来很好的互动效果。

8. 角色扮演法

角色扮演法是指学员在某个项目中扮演某个角色去操作一项任务的互动方法。角色扮演法和学员演示法类似，都是学员去操作或者演示；不同之处在于，角色扮演法是学员以某个角色的身份去操作，而学员演示法依然是以学员本身的身份去演示。

比如，在“金牌讲师个人魅力”课程中，有项任务是学员分别上台讲故事、说笑话、唱歌等。在“金牌讲师形象与礼仪”课程中“握手礼仪”这个环节，需要让学员去演练如何握手，如果学员是以自己的身份去握手就属于学员演示法，如果学员是模拟某个人（比如某个领导）去握手，这就属于角色扮演法。

9. 分组竞争法

把学员分为几个组，进行竞争。分组竞争是户外拓展培训、情境训练以及情境高尔夫这几种培训模式的主要特征，也属于一种教学模式。分组竞争是提高学员参与性的非常好的方式。虽然并不是每种培训都必须用这种方式，但是如果可能还是尽量采用这种方式。对分组竞争最重要的是善于控制，金牌讲师要善于把控局面。

在金牌讲师训练营里，我们一开始就分成三个组，一个“世界队”，一个“健康队”，另外一个就是“联合队”，刚好体现“世健联健”文化与精神。

10. 现场测试法

培训现场不是老师唱独角戏，而是要吸引学员参与。现场测试法就是一种，通过现场测试掌握相应内容，又能给培训现场提供新意、缓解疲倦。

现场测试法的运用很广，知识类、态度类、技能类的主题都可以用。相对来说，智力类、趣味类测试是最受学员欢迎的。

以上就是讲师舞台互动的常用方法。

实际上，在整个培训中，金牌讲师和学员在人格上是平等的，只是角色不同。所谓控场，并不是金牌讲师为了控制学员而采用的手段，而是其为了确保培训顺利进行所采用的一些控制现场的手段和方法。

## 二、金牌讲师高效控场技巧

为了确保课程顺利进行，提高教学效果，金牌讲师常见控场技能如下。

1. 区别对待法

学员通常分为以下 3 种类型。

（1）支持者。他们是金牌讲师的积极支持者，在现场认真听课、做笔记、与老师互动等。他们要么是对主题感兴趣，要么是对老师很尊敬，要么本身就上进好学。总之，他们是金牌讲师的支持者，坚定地站在金牌讲师一边。

（2）反对者。他们要么不遵守课堂纪律，要么不和老师互动，要么挑战老师，要么鼓动他人起哄。总之，他们不想让培训顺利进行。

（3）中间派。他们既不像支持者那么认真地学习、听课和老师互动，也不像反对者那样捣乱、挑战。他们就像局外人，作为旁观者看待发生的一切，两眼呆滞，心思游离。

金牌讲师如何正确对待不同的学员？引领支持者，挑战反对者，引导中间派。

金牌讲师一上讲台，首先就是快速区分学员，然后采用以下做法。

首先是引领支持者，要在支持者那里获取更多的信心和支持，让支持者更加积极地支持你，成为你的“粉丝”。因此，金牌讲师一开始就要关注支持者，多和他们互动，更多地引领他们。引领的方法是：面带微笑地关注他们，给他们更多的正面回应，表扬、赞美、鼓掌、激励、不伤大雅地开玩笑。

等到信心足够的时候，你在最拿手的地方，挑战反对者。

区别对待是第一个方法，但是，就算把所有学员都转变为粉丝，就算大家都认真地学习和配合，也不能保证学员的这种状态能持续很久，在一天，或者连续两天、三天的长期奋战下，可能出现各种状况，这就需要金牌讲师采用多种控场的方法和手段。

2. 提问法

提问能让学员集中注意力，因为谁也不愿意当众回答错误，尤其是回答一个不太困难的问题，所以提问题能够有效地集中学员的注意力。

当课程进行时间长了，发现有些人注意力不太集中的时候，或者场面有些混乱的时候，金牌讲师可以向大家提问，这时，大家都会停下手里的活动，把注意力放在老师的身上，要么在思考问题，要么在等着老师给出答案，当然有配合积极的支持者会主动回答。

所提的问题是正在进行的话题，太突兀的问题虽然会引起大家的注意，但是会把大家搞蒙。

问题不要太难。此时提问的目的是集中注意力，引起大家的重视，而不是有意识地找学员的麻烦。

不要紧盯学员。提问的时候，金牌讲师的眼睛既要关注个别目标学员，暗示他要集中注意力，但是也不能盯着某个学员看。针对性太强的问题，有可能被理解为挑衅，会让人很尴尬，还有可能引起反弹。

3. 身体靠近法

课程进行的过程中，发现有个别学员开小差，比如发短信、说话、接电话、瞌睡，金牌讲师可以一边讲课，一边慢慢地靠近目标学员，直到他恢复正常。通常，当金牌讲师离学员越来越近时，目标学员自己会发现，就算没有发现，身边的学员也会提示他。大多数情况下，老师还没有真正靠近学员，学员已经意识到了，问题已经解决了。但是也会遇到特殊情况，目标学员一直没有反应，那么可以站在学员旁边多待一会儿，等待他恢复正常。

4. 转移话题法

如果课堂上的某个观点带来了大家激烈的争议，场面有些失控，剩下的课程无法顺利进行，那么你可以采用话题转移法，建议大家“搁置争议”，进入下一环节。

5. 强调秩序法

当发现课堂秩序比较混乱的时候，金牌讲师可以停下手里的课程，重申一下课堂纪律，这时候，大多数的人都会安静下来，当你再次重申纪律后，绝大部分学员都会遵守，毕竟大家是来学习而不是找碴儿的。

强调秩序的方法通常不要多用，能不用就尽量不用。如果一个金牌讲师经常强调秩序，只能说明这个金牌讲师的控场技能不够，同时也暗示整个课程不够精彩。除非特殊情况，尽量不要用该法。

6. 形式转换法

形式转换法指的是改变授课方法。每种授课方法都有优劣。再好的方法，多了也就疲乏了。如果在培训过程中，金牌讲师发现大家都对这种方式有些厌倦，注意力不集中，场面有些混乱，那么在不影响主题的情况，可以转换培训方式，以控制场面。

7. 紧急停止法

这种方法是没有办法的办法，如果前面 6 种方法都不能奏效的话，就采取这种方法。当场面失去控制非常混乱，或者发生重大意外的时候，例如突然停电、电脑死机等，可以中断培训。

必须注意：保持风度，无论遇到什么样的状况，金牌讲师都要保持冷静，不要惊慌和失态。培训可以中断，但不是结束、终止，因此一定要有一个完整的结尾。

## 三、金牌讲师如何有效管理课堂时间？

时间管理是为主题服务的，有效地分配好时间，是为了确保内容的顺利讲授。可以这么讲，时间的多寡是衡量内容重要与否的一个标准和依据。在时间的规划上，必须做到重点突出，要确保每个时间段都有一个重点。从时间分配上讲，一天的时间有重点，半天的时间也有重点；一个小时有重点，半个小时也有重点。

在金牌讲师培训中，我们给学员最终演练的时间是10分钟，并对这10分钟进行整体考核。因为10分钟是一个时间段，无论多长的培训时间都是由10分钟组成，10分钟做好了，更多的时间也能做好。那么，10分钟时间怎么安排呢？

按照金字塔原理的三段式要求：开场白1分钟；正文8分钟，3个观点，3个案例，1个故事；结尾1分钟。提前给学员做了安排，大家按照这个方式备课，在演练的时候取得了很好的效果。

第一，前后10%。也就是说，10分钟的课程，可以提前或者延后1分钟结束，总体控制在9~11分钟内。第二，前后5分钟。以半天作为一个时间段，这个范围就是浮动5分钟，也就是可以提前5分钟结束，也可以延迟5分钟结束。在这个范围内是合理的，不需要做解释，大家都是可以接受的。

需要说明的是，在提前和延迟的情况下，提前优于延迟，也就是说，在可能的情况下应尽可能选择提前5分钟结束。

那么，到底该怎么有效地管理时间呢？有以下几个方法。

1. 预先设计，反复演练

这就是在培训前需要做的工作。

2. 过程监控

正确的时间管理不是在课程即将结束的时候才发现问题，而是在整个过程中做好把控。依据前面的规划严格把控时间，如果发现和规划不一致的地方，尽早调整过来。所谓的“休息时间”，是指学员的休息时间，培训师应该在这个时候检查一下流程，看是否按照预先的规划进行，不符合规划时要及早解决。

3. 科学地设置结束部分的内容

在不影响整个课程内容的情况下，可以在课程即将结束的部分设置一些内容，这些内容是培训师最熟悉的内容，也是可长可短的内容，如果时间不够，简单讲解就可结束，如果时间足够长，可以讲很长的时间。

4. 控制好回答问题的时间

提问和答问环节是最容易产生时间误差的地方，培训师一定要在整个过程中把握主动。

5. 用紧急结尾法应对时间不足

通常是在结束的时候才发现时间出了问题，尤其大多数情况下是发现时间不足，这时候就可以运用紧急结尾法。

6. 用总结法填满时间

如果在课程的后半段发现离课程结束还早，可以采用总结的方法，引导大家对整个内容进行回忆，并且在重点的地方做进一步的补充和阐述。这样就在内容上更加突出了重点，也避免让学员感觉到时间不合理。

除了总结法，还有提问法、讲故事法、学员互动法等多种方法。

7. 巧妙地判断时间

培训师如何巧妙地判断时间？如何既判断了时间，又不让学员知道？

第一种方式是借力，借助外力帮助你判断时间。通常的做法是：在教室的后墙上挂一个时钟，你可以随时看到时间；或者让助理给你提示，比如送纸条、做手势、给你倒水的时候偷偷告诉你等。

另外一种方式就是自己判断：把手表或者手机放在笔记本电脑的旁边，看电脑的时候顺便看一下时间，掌握时间进度。

## 四、如何打造金牌讲师个人魅力“五个一”

作为一名金牌讲师，个人魅力很重要，要学会打造自己的人设。金牌讲师个人魅力“五个一”：一首歌，一首诗，一个故事，一个笑话，一个动作。把一首歌唱得有感觉，把一首诗朗诵得有韵味，把一个故事讲得起伏跌宕，把一个笑话讲得令人捧腹，把一个动作做得有感召力。

1. 把一首歌唱得有感觉

很多人都不是天生就会唱歌，有大部分人甚至五音不全。不过都不妨碍每一个人热爱唱歌。我们从小就从儿歌开始学习，总有那么一两首记忆犹新，至少我们每个中国人都会唱国歌。

科学家发现，在艺术价值之外，唱歌还具有很大的健康价值——它不仅能让我们心情愉快，还能增强我们身体的免疫力，是让我们保持身心健康的一剂“天然良药”。经常唱歌，能够起到预防和治疗疾病的作用。研究证实，唱歌好处不亚于跑步、游泳等。

歌唱是一门艺术，想要提高唱歌的能力，就要经常练习，逐渐积累经验，这样就会有一副动听的歌喉。

2. 把一首诗朗诵得有韵味

古诗词是中华文化的瑰宝，千百年来，闪耀在中华大地的每一个角落，渗透在每一个文人的骨子里，活跃在每一种体裁的文章中。一篇演讲稿如果能恰当地引用几句古诗词，就可以营造意境，拨动听众的心弦，增添演讲的神韵，让演讲文采飞扬、灵动鲜活。

3. 把一个故事讲得起伏跌宕

在演讲中适当穿插精彩的故事，不但会增强演讲的生动性、形象性，而且能增强演讲对听众的吸引力，讲故事永远比讲道理更具有说服力。讲什么样的故事能充满说服力呢？怎么讲故事能让别人采取行动呢？

只要你能掌握故事的方程式，就能将故事讲得起伏跌宕，达到演讲的目的。

讲故事包括三个步骤。也就是说，你要完成这个故事方程式要分三步走。

第一步，事件。即在讲故事的时候，你首先要讲自己亲身经历的一件事件。为什么要讲自己经历的事呢？因为亲身经历的事更能够打动人，更有说服力。

第二步，要求。即根据你的故事，你要求听众做什么。讲亲身经历的事情，不仅要感动观众，更重要的是要让他们采取一项行动。至于这项行动是什么，需视具体的情况而定。如果要你用文字来概括这个行动，最好不超过 10 个字。

第三步，益处。即根据你的故事，你要求观众去做的事，他们做了，那么他们能从中得到什么好处。当然，这个好处你要用简洁的语言（不超过 7 个字）表达出来，让听众清楚地了解。

如果你讲的故事具备这三个要素，那么你的演讲就充满说服力了。

4. 把一个笑话讲得令人捧腹

演讲时，如果语言过于平实，表述生硬，听众的注意力就会渐渐开始转移。人们会向屋顶、窗外望去，不停地看表，但就是不看你。甚至听众已经睡着了，或是半昏睡状态，或是一片茫然。你需要做一些立即奏效的事情，将听众从这些状态中拉回来。这时最好的方法就是讲个笑话，幽默一下。

可以说，幽默的语言是演讲必不可少的调料，运用了这样的方法，把一个笑话讲得让听众前仰后合，就可以更好地表达演讲者的观点和凝聚听众的注意力。

讲笑话能够缓解紧张气氛。一个恰如其分的笑话能够有效地打破僵冷的气氛，营造友好的氛围。幽默能够使你的演讲定位在积极的基调上，有助于形成轻松的气氛，促进演讲过程中的思想交流。

所以，作为一个演讲者我们应该懂得，如何运用笑话赢得听众的欢心。

5. 把一个动作做得有感召力

除此之外，在演讲中使用最多、动作最大的要算手势了。它可以随着内容的需要向上、下、左、右、前、后各个方向挥动，把一个动作做得有感召力。即使在同一个方向还可以有手心向上、向下、向内、向外之别。还可以用拳。手势可单手，也可双手。

## 五、金牌讲师个人演讲风格定位

风格决定形式，形式又影响内容。每一个讲师，都有自己的特性，根据讲师的个性特征，结合不同的主题和学员状况选择相应的培训模式，根本作用就是增强培训效果，丰富培训形式，活跃培训现场，最终的目的就是确保培训质量。

1. 课堂讲授法

课堂讲授法是最常见的一种教学模式，也是其他教学方法的基础，可以说，要想成为一名合格的金牌讲师，必须掌握这种方法。课堂讲授法适合以知识和理论为主的课程，因为是讲授，所以讲授的更多是“理论”，很多学院派的老师都是用这种方法。但理论讲授并不是讲授空洞的理论，而应该讲授实用的理论，并且讲授得更精彩。

理论讲授法的主要优点是知识量大，便于掌控；不足是形式单一、学员参与性不够高、没有训练环节。严格意义上讲，单纯的“讲授”不是培训。

因为培训和一般的“讲课”最大的区别就是有“训练”。没有训练的讲授只能叫讲座或者讲课。但是任何培训都必须有“知识的传播”，因此必须有“讲授”，所以“讲授法”是所有金牌讲师必须掌握的一种基本教学方法。

2. 演讲法

与“课堂讲授法”很接近的一种模式是“演讲法”。二者有些相似，都是以老师“讲”为主，学员“听”为辅。

不一样的是，“讲授”不一定就是“演讲”。从内容上看，讲授法是以讲授“知识”为主，而“演讲法”是以改变“态度”为主。从表达方式上看，“演讲”比“讲授”更多运用了身体语言，注重声音的变化和情感的运用。

可以说“演讲法”比“讲授法”需要更多的表达技巧和知识。讲授是以传播知识为主，关键在于内容；演讲是以转变态度为主，关键在于表达。演讲具有“知识传播”和“转变态度”的双重功能，如果说“培训 = 传播知识 + 转变态度 + 提升技能”的话，那么“培训 = 演讲 + 训练”。演讲成为衡量一个金牌讲师水平的重要标志，很多管理者并不想做金牌讲师，但却要参加金牌讲师特训学习，就是因为它能提升演讲力，而演讲力是管理者的必备技能。

每个人都有自己的风格。做任何事情，都要有自己的方式。有很多金牌讲师都在模仿别人的肢体动作，这是不对的。如果你总是按照别人的东西学习，模仿别人的方式，你的灵魂就不存在了。没有了内在，你和一台复印机还有什么区别呢？所以，不要一味地去模仿，要有自己的个性的东西。

金牌讲师特训营准备计划在这 5 年内培训出 1 000 名讲师，每年 4 期，每期 50 人，这些人都是从全国海选出来的精英。很多人问："魏老师，你培养出来的 1 000 名讲师和你一样吗？"我回答："绝对不是。1 000 名讲师都有自己的风格，都有自己的特长需要发挥。他们要是都和我一样，就糟糕了。因为我只教会了他们怎么去模仿别人，却没有教会他们怎么做一名优秀的讲师。所以，每个人都要有自己的模式和风格，开始的时候可能有一点模仿，但是一段时间后，就会有自己的风格。"

### 3. 案例教学法

案例教学法是在培训的过程中，采用"案例分析"的方式，通过设置案例、分析案例、总结提升等系统的手段实施教学的一种方法。案例教学法和案例说明是不一样的：案例教学法是一种完整的、系统的教学方法，而举例说明只是列举某个案例对观点进行说明，并没有对这个案例进行深入的分析。

案例教学法比一般的教学法难度大。主要有以下两方面：

第一，无法采集合适的案例。这是目前案例教学中最大的问题。要让案例具有典型性和真实性，难度很大。

第二，对金牌讲师的要求很高。金牌讲师需要具备很强的驾驭能力，除了要求专业知识的系统和深度，还要求有控场能力、引导能力、提炼升华能力。

也就是说，这是集专业知识、实战经验和培训技术于一体的教学模式。所以，一般的老师会用案例来举证，但是很少用案例教学。

### 4. 角色扮演法

角色扮演法是指在培训过程中让学员扮演某种特定的角色，以这种角色的身份去实施培训的一种培训方法。角色扮演法可以是针对某一个环节，如让学员去扮演某个角色完成一项任务。这种教学方法类似于互动中的“角色扮演法”，只不过作为教学模式的“角色扮演法”要求更高。

角色扮演法可以是培训中的某一个环节阶段性的角色扮演，也可以是贯彻于培训的整个过程。通常的角色扮演法只是阶段性的。

5. 道具教学法

道具教学法是指用某个具体的物体作为一种教学工具，围绕这个教学工具进行培训的方法。道具教学法有时也称为道具法，只不过“道具”有时是假的，有时是真的。在财务管理培训中的“沙盘模拟”，其实也是道具教学。

道具法最重要的一点就是金牌讲师自己要对道具熟悉，不要出差错，既然自己是老师，就要比一般学员的水平高。在实物演示过程中，有时会有学员要求老师首先演示一下。

6. 游戏活动法

游戏活动法就是在培训过程中引入游戏和竞争活动等，让学员在实际操作中去感受和体会的一种教学方法。

最具有活动游戏特点的是“户外拓展训练”。这是将“活动游戏”全部纳入培训的一种培训模式，曾经红极一时，现在慢慢走下坡路，主要在于项目缺乏创新，另外金牌讲师的专业水准也是制约其发展的瓶颈。

7. 小组竞争法

小组竞争法是指将培训学员分为各个小组参与竞争的一种培训模式。小组竞争法并不是单独的一种培训模式，而是作为其他培训模式补充的一种教学模式。

这也是很受学员欢迎的方式，但不是任何课程都需要采用这种方式，主要看主题和学员情况。除了“讲授法”“演讲法”，态度和技能类课程都可以采用这种方法。

8. 情景训练法

“情景训练”培训模式是以“情景教学理论”作为指导思想，以情景模拟作为主要特征，综合运用理论讲授、活动游戏、角色扮演、分组竞争、道具教学等多种教学模式的一种培训方法。

情景训练遵循“四三二一”的操作原则：40% 的实用理论讲授，30% 的管理实战训练，20% 的典型案例分析，10% 的全面总结提升。强调理论与实践相结合，讲授与体验互动，情商与智商并用，对学员进行全方面、多角度、系统性培训，以获取最佳的培训效果。

## 六、金牌讲师气场修炼法则

金牌讲师修炼气场有两个角度：一个是内在的，一个是外在的。首先，要明确自己气场的特点，确定自己的风格。你独特的个性正是气场所在，也就是与众不同的地方。一定要保持自己的风格，不要邯郸学步，避免东施效颦。气场是一种感觉，通过言谈举止、着装、声音给人带来感觉。因此，需要从外在的各个方面有针对性地进行形象设计。

1. 职业着装

讲台上对于金牌讲师的着装有严格的要求，具体见以下表格。

**表 3–2　金牌讲师着装要求**

| 内容 | 男士要求 | 女士要求 | 备注 |
| --- | --- | --- | --- |
| 外套 | 深色 | 各种颜色 | 尽量避免太花哨 |
| 衬衣 | 白色、长袖 | 合适搭配 | 也可以是浅色 |
| 领带 | 红色基调 | 丝巾 | 与企业文化一致的颜色 |
| 首饰 | 最好没有 | | 三件以内 |
| 皮鞋 | 和外套接近 | | 和外套一致 |
| 袜子 | 颜色比外套深 | | 和外套一致 |

2. 标准的讲台形体

要求一：收腹，挺胸，抬头，目视观众，肌肉保持紧张。注意是“紧张”不是“放松”。一旦放松就会显得“松松垮垮”，没有生气。身体紧张但是情绪放松，这才是真正的张弛有度。

要求二：立定，双脚要靠近，双脚的距离一定要窄于双肩。不一定是T字步，也不一定是V字步，自然就可以。

要求三：注意手的姿势。手的活动范围，高不过头，低不过腰。双手不要高过头顶，也不要完全垂直放下去；手的形状，手指向内弯曲，尽量避免伸直食指，也不要经常握成“拳头”，手臂要保持弯曲，不要伸直，不然显得僵硬。

要求四：形体要“正”，做到五点一面。脚后跟、小腿、臀部、肩部、后脑勺5个部分要保持在一个平面上。怎么检查？靠墙站立。也许你将来不一定做职业金牌讲师，但是良好的形体会让你一辈子受益。

要求五：永远不要背对学员，你只能把你的面部给学员，无论你的背部造型多么优美，你只能独自欣赏。当然了，你可以斜视学员，尤其是在PPT演示的时候，但是不能长久地斜视，要尽可能正面面对观众。

# 第四章　线上社群：打造短视频“流量”洼地

在流量为王的时代，拥有流量意味着拥有用户，拥有变现的可能。而且足够多的流量也能提升电商的知名度。短视频自诞生之日起便是流量洼地和资本洼地，随着资本的不断注入，短视频带来的流量也越来越多。而且短视频具有天然的娱乐性和话题性，能够快速吸引流量。所以，短视频作为互联网时代的新行业，俨然成了互联网流量的一大入口。

## 第一节　用短视频拥抱社群，五维定位找准短视频账号方向

让粉丝记住你，并且能够关注你，或者让粉丝推荐你，这就是你要做的定位。五维定位法就是从产品、领域、人设、内容和展现形式这 5 个维度进行讲师定位。

### 一、产品定位

我们可以结合讲师自身的技能和产品来进行定位，具体来说，根据技能和产品情况，可以绘制。

有的人是有产品，但是没有技能，没关系，我们可以从你的产品出发，围绕你的产品，规划 3~5 个领域的内容定位方向。有的人是没有产品，但是有技能，这个非常好办。比如，你有知识输出的技能，那么你就通过知识内容去做运营，知识内容本身就是一种产品。

内容肯定是要围绕着产品来展开的。那么，如何围绕产品定位做好内容呢？你要解决的一个问题就是：你的产品满足谁的需求？你是解决了谁的什么样的需求这点非常重要。

那么，产品又该如何进行内容定位呢？其中一种方法就是对产品进行功能上的细分。产品的功能细分特别简单，我拿一件产品来举例，我们可以通过纸尿裤这件产品细分出哪些功能呢？非常多，比如说产品的材质、产品的辨别、辨识及功能，这 3 部分内容，就是从你的产品出发，把它的功能进行了 3 部分细分，然后你的内容围绕着这 3 部分做就可以了。

## 二、细分领域定位

关于领域定位，我们就详解一个方面，也就是我们讲师的粉丝基础。我们讲师的粉丝有多少，这个需要制作用户画像。用户画像是领域定位的基础。它最主要的是解决以下几个问题：你的用户都是谁？他们有什么样的需求？你提供的每条短视频内容是否满足了他们的需求？这些需求如何有效地转化为视频内容？这是你要思考的。

其实用户画像用一句话来说就是用户标签化。你的用户标签，就是你的用户可以用哪些标签来进行说明。

抖音常见领域有搞笑、三农、创业、美食、护肤、摄影、动画、知识付费、企业品牌宣传、招商加盟、财经、亲子、旅游、数码、电影等，任何一个领域都可以在抖音上获得流量，并进行卖货、带货。

所以，无论你做哪一个领域，我给你的一个真切的建议就是，只要你了解了能够解决谁的什么痛点，并有针对性地进行营销，那么，你就更容易胜出。

关于优势的分析，我给你的方法，第一就是挖掘你身边的资源，第二就是和别人形成地域差异，第三就是去找你擅长的是什么，还有就是选择领域，你要想好未来的变现方式。

## 三、人设定位

专业的讲师人设就是与你所在专业细分的领域相结合。为什么要植入生活场景呢？你把你的生活展现出来，别人就能从你的内容当中提炼出你是一个真诚朴实的人。

抖音账号如何做好讲师人设呢？可以重点从 3 个方面进行人设规划。

一是外形特征的抓取。外形特征的定位，一定要从自己身上寻找特点，包括性格特征也是如此。只有从自身出发才能拥有独特性，切记不要看别人这个特点很火就去模仿，如果不属于自己，是没有任何意义的。

二是人设中性格特征或行为特征的定位。人物性格在人设定位中占到 80%，因为人物的性格往往决定了粉丝的互动，有的人内心善良，有的人言语幽默，有的人积极正能量，也有的人傻乎乎的很单纯，不同的性格往往形成独特的人格魅力。

三是在内容里进行具体体现。以装成熟的人物性格特点为例，怎么做内容呢？比如，弟弟经常对生活发出一些感慨，但是自己没经历过，所以经常被姐姐打击。再比如，帮助单身姐姐辅导恋爱心法，说得头头是道，然后姐姐可能说了一句话“我记得你从来没有过女朋友呀”，弟弟就被打击得体无完肤，被揭了老底。两个人拍段子一定是一反一正，这样才能形成强烈的反差和反转。

## 四、内容定位

内容的定位有 3 个原则，第一个是在领域里做内容的细分。什么叫细分？有人说老师我需要营养方面的粉丝，做营养教育可以吗？我说营养教育分很多种，比如不同专业营养比如膳食营养、运动营养；不同人群营养，比如孕妇乳母、儿童青少年等；不同慢性病营养，比如糖尿病营养、三高营养等。这么多的细分内容，你只有找到了一个细分类项目做内容，才能吸引更垂直、更精准的粉丝。这个细分内容一定是从你要卖的货（即你的产品）出发的。

抖音以内容为王，所以千万不要以为抖音就是拍摄和剪辑。内容只做出来不行，还得让用户愿意看下去，并产生共鸣。究竟该如何做？

我们可以从情、趣、用和品这 4 个维度，做用户喜欢的内容，进而达到上热门和增长粉丝的目的。

“情”指的是有内容、有情绪、有情感，触发抖音粉丝情绪，引起共鸣，达到传播效果。但凡能够引起共鸣的内容，都会获得非常多的点赞和评论。从哪几个角度出发去引起共鸣呢？经历、职业和身份等，这些角度都会引起别人的共鸣，比如说你讲的经历，我曾经也经历过，那么就会引起我的同理心，进而引起共鸣。

“趣”指的是内容要有趣。有趣是内容制作的一个基础原则，抖音是一个记录美好生活的平台，美好生活就是要我们把生活当中既有趣又有料的事情展示出来。所以，你做的内容到底哪里有趣？语言方式有趣吗？拍摄形式有趣吗？内容剪辑很有趣吗？故事情节很有趣吗？这些都值得我们反问自己。

“用”则是指内容有用、有料、能用得上。关于有用，我强调一个点，就是你的知识要落地，你的内容对别人要有帮助，也就是要有价值。比如大部分护肤带货账号，都夹带着一些生活当中的护肤技巧、护肤品的应用场景，这些能够帮助别人改进日常护肤盲点，所以它对别人是有用的，能够用得上。

“品”是指内容是有价值观的，如果你整个账号没有一个正确的价值观，那么你这个账号很难长久运营下去。所以，我不赞成那些整蛊的、负能量的，或者是没有正向价值的垃圾内容。“品”其实侧重的就是三观要正。我们经常看到抖音上那些励志、公益的内容，会获得非常多的点赞，这就是三观正，能被人认同。

## 五、展现形式定位

展现形式有哪几种类型可以借鉴呢？下面我重点为大家讲解 5 种类型。

第一种是图文形式。翻转字幕的形式就属于图文形式。情感、读书、技能和知识输出类的账号适合用图文形式做。

第二种是录屏形式。比如说把教学技能录下来，然后教给大家，这就属于录屏的展现形式。技能类的录屏形式通常偏实操性。还有一些情感类的内容，比如两个人的微信对话，可以采取录屏的形式录下来。

第三种是讲授形式。比如说讲知识、脱口秀，站在那儿讲、坐在那儿讲、走动着讲、边运动边讲、边做事情边讲，讲授的具体形式还是很丰富的。

第四种是剧情形式。很多搞笑、段子类的，包括情感类的账号都会采用剧情的展现形式。使用剧情展现形式的账号大家可以搜索到很多。

第五种是情景再现形式。情景再现形式的内容最近增长了很多，比如说“80后”的账号，再现了 20 世纪 80 年代的一些事物：穿着喇叭裤、戴着红军帽、骑着自行车等。这种回忆式的情景再现让人觉得很有意思。

上热门的抖音号等于什么？我总结了一个公式：抖音号 = 设定的人物性格 + 变现方式 + 领域内容 + 展现形式。

## 第二节　以短视频为媒介构建高黏度流量池

玩转短视频，要聚焦一个细分领域，更集中地培养运营和出镜人员，更容易裂变复制；聚焦一个细分领域，更容易形成账号优势，对供应链有谈判优势；聚焦一个细分领域，更容易形成矩阵效应，占领细分领域排名，更具有品牌效应。

### 一、短视频的内容定位万能公式

很多人做抖音最大的困惑是不知道如何定位，如何去做内容。下面我给大家总结一个能够解决任何行业领域抖音定位问题的万能公式，这个公式就是：产品 + 目标用户画像 + 内容化呈现 = 精准涨粉。

1. 产品

产品是精准变现的基础，没有产品，就没办法在抖音上形成一个变现的闭环。我们所有的内容都要以产品为中心，从产品出发倒着推。产品决定了你应该面对哪些用户。

2. 目标用户画像

其实就是让你明白，你到底是面对终端的顾客做零售，还是面对那些餐饮店铺、批发商或超市？你的目标用户有所变化，你的内容肯定要跟着变化。这个时候再做内容，就是从你的目标用户出发。

3. 内容化的呈现

什么叫作内容化的呈现？通过你的产品，找到了你的目标用户，给你的目标用户进行了画像，了解你的目标用户喜欢什么，能给你的目标用户带来什么样的好处，剩下的就是内容化的呈现。

## 二、垂直深耕细分领域是短视频最优打法

从短视频发展局势来看，向垂直细分领域发展是一种必然选择。垂直深耕打法具有以下三大作用：维持用户黏性，吸引用户群体，扩大新媒体影响力。

垂直深耕有以下两种打法。

1. 宏观层面扩大内容品类

流于表面的短视频虽然也能轻松地获取流量，但毕竟流量是有限的，再加上诸多竞争者的瓜分，能分得的流量就会更少。在这种情况下，扩大内容品类就成了必然的选择。

2. 微观层面做好细化

为了让短视频的外在呈现出更好的效果，就要对短视频进行两个方面的细化工作。

（1）短视频的主人公或是主播，应该尽量选取那些具有识别度、演技在线的人才。

（2）对短视频素材进行细化：对数量较多的素材，可以将这些素材进行整合，从而创作出一个丰满的故事。

## 三、内容主题三大核心：个性、趣味性和新鲜感

短视频的出现为内容创作提供了一个比较低的门槛，于是很多短视频内容创作者都想搭上这股潮流获得红利，结果就造成了内容泛滥。面对这样的内容红海，

只有带有个性和趣味性的优质内容才能赢得用户的心。

做短视频就像烹饪菜肴一样，如果总是采用相同的做法做同一道菜，即使做得再精美，也会有吃腻的时候。因此，为了让短视频内容传递的信息更具有时效性和新鲜感，就一定要保证及时更新，并且要做到让人眼前一亮的感觉。如何才能做到呢?

这就需要策划者及时搜集选题信息并进行筛选，然后提炼相关短视频内容。如果发现有热点可蹭也是极好的。或者新瓶装旧酒，将手中已有的内容和资源进行包装，从而给人不一样的感觉。

## 四、创建短视频个性账号五件套

一个优质的、有个性的金牌讲师抖音号，我认为主要包括名字、简介、头像、资料和头图。一个学员的抖音号，最上面的部分就是头图；头像部分放置的是他的个人形象照；账号的名字叫 ×××；简介部分写的是“我是来自……加油哟”；而简介下方就是他的一些资料信息。那么，金牌讲师抖音号的这 5 项内容要如何进行设置呢?

### 1. 名字

第一个要求就是要起一个包含讲师个人 IP 的名字，就像我们 8 期学员，抖音号叫陈德林，就是含有讲师个人 IP 的名字。因为做抖音，打造 IP 是我们的首要目的。

第二个要求是要起一个细分领域、垂直定位的名字。比如说，你要做减肥的内容，你完全可以起个名字叫减肥食堂。这个名字就定位在一个细分领域之内。

第三个要求是起一个比较有特点的名字。有特点的名字特别多，其实你们在抖音上都可以看到。

第四个要求是如果你是实体店或者企业，你可以起一个具有地域特征的名字，比如说成都吃客，很多成都本地的人都会关注，所以讲师在做本地生活的时候，是非常有帮助的。

第五个要求是起一个有趣、有料、好记又好搜的名字。我们有一个学员的名字叫小米老师说健康，这个名字很好，既含有 IP，又包含了方向定位，还有细分领域——健康教育。

大家在实操的过程中要注意什么呢？不要起那些违反规定的名字，如抖音禁用的词汇，你用这些词汇起名字是无法通过的。要起一个好搜好记的名字。你的名字要有唯一性。不要搜了一个名字，下面有 1 000 个人都叫这个名字，这样就很难从中区分并找到你了。

下面，我就来简单地介绍修改名字的实操步骤。

步骤 1：登录抖音短视频 App，进入"我"界面，单击界面中的"编辑资料"按钮。

步骤 2：进入"编辑个人资料"界面，选择"名字"选项。

步骤 3：进入"修改名字"界面，在"我的名字"文本框中输入新的名字；单击"保存"按钮。操作完成后，返回"我"界面，只要审核通过就可以看到修改后的名字了。

2. 简介

简介的作用是什么？简介的主要作用是表明讲师身份。简介还能起到表达讲师个性的作用。

很多人写简介的时候最大的误区就是想创造链接或者营销。我是做什么的、我能给你带来什么效果，有一部分讲师在写签名的时候，喜欢这样来写简介。其实开始的时候，你没有多少粉丝，还是多阐释一些有趣、有料的事情，让大家感觉你这个人很有意思，然后你再去改签名。

在最开始的时候就留下联系方式，这种做法我不建议。因为这时候留下联系方式也没有人去加你。当火起来、有粉丝咨询你的时候，你再改也来得及。简介改完之后审核非常快。

3. 头像

金牌讲师抖音账号的头像也需要有特点，必须展现自己最美的一面，或者展现企业的良好形象。在抖音“我”界面中，我们可以通过如下步骤修改头像。

步骤 1：进入抖音短视频 App 的“我”界面，单击界面中的抖音头像。

步骤 2：进入“头像展示”界面，单击下方的“更换”按钮。

步骤 3：操作完成后，弹出头像修改方式对话框，用户可以通过“拍一张”或“相册选择”的方式进行头像的修改。这里我以“相册选择”为例进行说明。

步骤 4：选择“相册选择”选项后，从相册中选择某张图片。

步骤 5：进入图片裁剪页面，对图片进行裁剪之后，单击下方的“确定”按钮。

步骤 6：操作完成后，返回“我”界面，同时头像修改完成。

在设置抖音头像时有 3 个基本技巧，具体如下：头像一定要清晰；个人账号一般使用肖像作为头像；团体账号可以使用代表人物形象作为头像，或者使用公司名称、logo 等。

4. 资料

有人问：“老师，资料里的毕业学校，我要怎么填？”其实抖音对毕业学校是没有审核的，尽量填和你要做的领域相关的学校。比如搞培训的，可以填一个培训机构，这个也很重要。其他的资料，如性别、生日和地区，就不细讲，这些内容都很好填。这些内容你一定要填写，因为资料的完整性会影响账号的权重。

和修改名字相同，只要进入“编辑个人资料”界面，选择相应的内容，便可以完成相关资料的修改，这里就不赘述了。

5. 头图

形象很重要，它是金牌讲师的 logo，哪怕随便换一张好看一点的图片，也比用抖音给的默认图片好。而且抖音号头图所在的位置也是一个很好的宣传推广场所。我们可以通过在头图位置插入带有引导性的话语，吸引抖音用户的关注。

如何更换头图呢？下面就来说说具体的操作步骤。

步骤 1：进入抖音短视频 App 的“我”界面，单击界面上方头图所在的位置。

步骤 2：进入头图展示界面，单击界面下方的“更换”按钮。

步骤 3：操作完成后，弹出头图修改方式对话框，大家可以通过“拍一张”或“相册选择”或“从图库选择”的方式进行头图的修改。这里我以“相册选择”为例进行说明。

步骤 4：选择“相册选择”选项之后，从相册中选择图片作为头图。

步骤 5：操作完成后，进入“裁剪”界面，在该界面中可以裁剪和预览头图展示效果。裁剪完成后，单击下方的“确定”按钮。

步骤 6：操作完成后，返回“我”界面，如果头图完成了更换，就说明头图修改成功了。

## 第三节　讲师怎么利用DeepSeek制作短视频?

### 一、DeepSeek 生成具有针对性的视频脚本

不同类型的视频需要不同类型的脚本。DeepSeek 不仅可以根据视频的主题、类型和要求，生成具有针对性的视频脚本，还可以提供视频脚本写作技巧和建议，帮助我们更加轻松地创作出高质量的视频。

1. 实用方法

我们在用 DeepSeek 生成视频脚本时，可以参考如下步骤。

（1）明确需求：确定具体需要撰写的视频脚本类型，如宣传片、产品介绍、教程等。

（2）提供关键信息：向 DeepSeek 提供详细的信息，包括行业、视频时长、目标受众等。

（3）结构性指导：向 DeepSeek 提供视频脚本的结构要求，如需包括开场、正文、结尾等部分。

（4）确定风格：告知 DeepSeek 我们期望的语言风格，如正式、幽默等。

### 2. 常见模板

在实际应用中，我们可以结合视频脚本的不同应用场景，向 DeepSeek 提出需求或问题，常见的各类场景、指令、提示词模板如下。

场景 1：制作教程视频

提示指令：请帮我生成一份关于技能 / 行业的教程视频脚本，视频时长为时长，目标受众是目标受众。

场景 2：制作广告视频

指示指令：请为品牌名称制作一份广告视频脚本，视频时长为时长，广告主题是主题，目标受众是目标受众。

场景 3：制作产品介绍视频

提示指令：我想为产品名称制作一部产品介绍视频，视频时长为时长，目标受众是目标受众，请帮我生成脚本。

### 3. 注意事项

我们在应用 DeepSeek 生成视频脚本时，要注意如下 3 点。

（1）关注细节：在向 DeepSeek 提需求或问题时要关注细节，例如行业术语、目标受众喜好等。

（2）语言风格：针对不同行业和不同目标受众，要使用合适的语言和风格，避免使用不恰当的词语和表达方式。

（3）知识产权：注意保护知识产权，避免抄袭他人的作品。

## 二、DeepSeek 设计贴近主题的画面

良好的画面设计不仅能提升视频的质量和观赏性，还能更好地传达主题和情感。 DeepSeek 可以根据视频的主题、情感和目标受众，生成具有针对性的画面设计方案，提供画面设计技巧和建议，让观众更好地理解和感受视频传达的主题和情感。

1. 实用方法

我们在用 DeepSeek 生成画面内容策略时，可以参考如下步骤。

（1）确定类型：首先确定视频的类型，例如宣传片、纪录片教学视频等。

（2）明确目标受众：明确目标受众，生成符合目标受众特点的画面内容策略。

（3）设定时长：根据视频时长，合理安排画面内容，避免内容过于拖沓或紧凑。

（4）提供关键信息：提供与视频主题相关的关键信息，如地点、人物、事件等，以便 GPT 生成具体的画面内容策略。

2. 常见模板

在实际应用中，我们可以结合视频画面内容的不同应用场景，向 DeepSeek 提出需求或问题，常见的各类场景、指令、提示词模板如下。

场景 1：制作教学视频

提示指令：请为课程名称制作教学视频画面内容策略，视频时长为时长，目标受众是目标受众。

场景 2：制作活动回顾视频

提示指令：请为活动名称制作活动回顾视频画面内容策略，视频时长为时长，目标受众是目标受众。

场景 3：制作纪录片

提示指令：请为主题制作纪录片画面内容策略，纪录片时长为时长，目标受众是目标受众。

3. 注意事项

我们在应用 DeepSeek 生成画面内容策略时，要注意如下 3 点。

（1）视频类型和风格：应确保画面内容与视频类型和风格相符，避免出现不协调的画面内容。

（2）文化差异：注意考虑目标受众的文化差异，避免产生文化冲突。

（3）版权问题：在引用图片、音乐等素材时，一定要注意版权问题，避免侵犯他人权益。

## 三、DeepSeek 生成扣人心弦的故事

DeepSeek 不仅可以根据主题、情节和要求，生成具有针对性的故事框架以及故事的开头、发展和结尾等各方面内容，为故事设计扣人心弦的情节、丰富的人物形象，还可以提供叙事技巧，帮助我们更加便捷地创作出更有价值的故事。

### 1. 实用方法

我们在用 DeepSeek 进行故事设计时，可以参考如下步骤。

（1）明确需求：确定具体需要生成的视频类型。

（2）设定结构：为故事设置起承转合的结构，明确每个部分的内容和作用。

（3）描述冲突：描述故事的冲突点，使故事更具戏剧性和吸引力。

（4）创造对话：在故事中加入对话，使角色形象更加丰满，情感表达更加充沛。

### 2. 常见模板

在实际应用中，我们可以结合视频故事的不同应用场景，向 DeepSeek 提出需求或问题，常见的各类场景、句式、关键词模板如下。

场景 1：设计短视频故事

句式：请为平台名称设计一个关于主题的短视频故事，短视频时长为时长，故事中要包含具体要求，目标受众是目标受众。

场景 2：设计电影故事

句式：请为电影类型的电影设计一个故事，电影时长为时长，故事主题为主题，目标受众是目标受众。

场景 3：设计微电影故事

句式：请为关于主题的微电影设计一个故事，微电影时长为时长，故事内容

要有起承转合、冲突、对话，目标受众是目标受众。

3. 注意事项

我们在应用 DeepSeek 做故事设计时，要注意如下 4 点。

（1）注意时长与内容匹配：根据视频时长来调整故事的内容，保证在限定时间内讲述完整的故事。

（2）确保故事符合目标受众的需求：在设计视频故事时，要考虑目标受众的喜好和需求，确保故事内容能够引起他们的兴趣。

（3）不要过分依赖模板：虽然 DeepSeek 可以提供常见模板，但艺术是没有定式的，我们还应根据实际需求对 DeepSeek 提供的内容进行调整发挥创意，策划出更符合自身需求的故事。

（4）保持创意和独特性：避免一味地模仿他人作品，避免出现侵权、违规等问题。

## 四、用 DeepSeek 控制视频时间节奏

对视频中不同画面做时间节奏设计不仅能提升视频的质量和观赏性，还能更好地传递情感。DeepSeek 可以根据用户输入的剧情、场景和目标观众，生成具有针对性的视频时间节点设计方案，让观众更好地理解和感受视频所传达的主题和情感。

1. 实用方法

我们在用 DeepSeek 做时间节奏设计时，可以参考如下步骤。

（1）明确需求：确定视频类型，如产品介绍、教程、企业宣传等。

（2）设定时长：根据视频类型和目标受众，设定合适的视频时长。

（3）规划节奏：根据视频时长和内容，合理安排各部分的时长。

（4）明确重点：突出视频的核心内容，确保观众关注重点。

2. 常见模板

我们可以结合视频时间节点的不同应用场景，向 DeepSeek 提出需求或问题，

常见的各类场景、指令、提示词模板如下。

场景 1：企业宣传片

提示指令：请帮我设计一份公司名称的宣传片脚本，要包含时间节奏设计方案，宣传片时长为时长，重点突出宣传重点。

场景 2：活动宣传视频

提示指令：我想制作一个关于活动名称的宣传视频，视频时长为时长，请为我设计一个贴近主题的视频时间节点设计方案。

场景 3：影评 / 游戏评测视频

提示指令：我想制作一个关于影片 / 游戏名称的评测视频，请为我生成一个视频时间节奏设计方案。

### 3. 注意事项

我们在应用 DeepSeek 做视频时间节奏设计时，要注意如下 3 点。

（1）注意连贯性和逻辑性：要保持视频内容的连贯性和逻辑性。

（2）音效或特效：适当运用音效或特效，优化视频的视听效果，但要避免过度使用，以免影响观众对视频内容的理解；同时要注意获取相关版权。

（3）创意元素：在不同时间节奏的画面内容中适当运用创意元素，提升观众的观看体验。

## 五、DeepSeek 生成符合情节的对话

DeepSeek 可以根据输入的角色、情境等，在一定程度上生成符合情节需要的对话，让角色形象更丰满，让情节更有戏剧张力，让视频内容更精彩。

### 1. 实用方法

我们在用 DeepSeek 做设计台词时，可以参考如下步骤。

（1）明确需求：确定视频类型（如家庭剧、科幻片等）、人物性格（如严肃、幽默等）和人物情绪（如激动、悲伤等）。

（2）考虑人物特点：根据人物性格、人物情绪和视频主题，设计符合人物特点的台词。

（3）考虑情节：结合视频情节，让台词自然地融入剧情，增强情感表达。

（4）注重逻辑：确保台词的逻辑连贯，避免出现前后矛盾的情况。

（5）融入情感：在台词中融入情感因素，使人物的情感更加丰富。

2. 常见模板

我们可以结合台词的不同应用场景，向 DeepSeek 提出需求或问题，常见的各类场景、指令、提示词模板如下。

场景 1：生成家庭剧人物台词

提示指令：请为角色生成一段关于视频主题的台词，角色性格为性格，需体现角色情绪为情绪。

场景 2：生成喜剧片人物台词

提示指令：请为角色生成一段关于视频主题的台词，角色性格为性格，需体现角色情绪为情绪。台词需要具有幽默元素。

场景 3：生成科幻片人物台词

提示指令：故事发生在科幻背景下，请为角色生成一段关于视频主题的台词，角色性格为性格，需体现角色情绪为情绪。

3. 注意事项

我们在应用 DeepSeek 做台词设计时，要注意如下 3 点。

（1）注意语言风格：根据不同的视频类型，注意调整台词的语言风格，如家庭剧中的台词通常较为亲切。

（2）考虑地域文化差异：尽量使用符合当地语境的表达方式。

（3）遵守法律法规：务必遵守关于版权的法律法规，确保所生成的内容不侵犯他人的权益。

# 第五章　从线下讲师到流量主播：用短视频直播打造自带光环的“知识网红”

## 第一节　打造金牌讲师主播个人IP

### 一、一名金牌讲师主播的职业素养

金牌讲师主播的职业素养是指在直播中所应具备的职业知识技能和行为习惯。目前，金牌讲师主播的职业素养主要由职业素质、专业素养、商业素养、新媒体素养和综合素养五部分组成。

1. 金牌讲师主播的职业素质

金牌主播的职业素质，包括以下几点。

（1）忠于职守，坚持原则

忠于职守就是要忠于金牌主播特定的工作岗位，自觉履行各项职责。金牌主播要有强烈的事业心和责任感，坚持原则，注重社会主义精神文明建设，反对不良思想和作风。

（2）兢兢业业，吃苦耐劳

工作性质决定金牌主播要有一定的理论基础，还要有实干精神，能够脚踏实地、埋头苦干、任劳任怨。

（3）谦虚谨慎，办事公道

金牌主播要谦虚谨慎，办事公道，对粉丝要一视同仁，秉公办事，平等相待。

（4）遵纪守法，遵守道德

金牌主播要遵守职业纪律和与职业活动相关的法律法规，遵守社会公德、商业道德等。

（5）恪守信用，严守机密

金牌主播要诚实守信，坚决维护商业信用和个人信用，必须加强保密意识，严守机密，保证信息安全。

（6）实事求是，工作认真

金牌主播要坚持实事求是的工作作风，一切从实际出发，理论联系实际。无论是搜集信息、提供意见还是拟写文件，都必须端正思想，坚持实事求是的原则。

（7）刻苦学习，勇于创新

现代社会科学技术发展突飞猛进，知识更新速度加快。金牌主播应该具有广博的科学文化知识，以适应工作需要。同时，作为复合型人才，还应具有强烈的创新意识和创新精神。

（8）钻研业务，爱岗敬业

金牌主播只有了解和熟悉与自身职业相关的领域中的最新成果，才能更好地掌握工作中的各项技能，在实践中不断地学习和提高。

2. 金牌讲师主播的专业素养

金牌主播的专业素养，包括以下几点。

（1）“网感”

“网感”是指对网络时下热点消息的敏感度，对当前趋势的一种判断力。直播销售员要对时事、热点问题具有敏感性，对网络语言、网络流行趋势具有相当的判断力和把控力。

（2）文案能力

文案能力是指撰写优秀文章的能力。金牌主播要具有扎实的写作功底，要有一套输出文章的精密逻辑，同时要能够自由切换语言风格来适应不同的营销环境和处理不同的营销素材。

（3）审美能力

金牌直播应具有把握细节美的能力。“注意力经济”时代，直播销售的文案排版、视频画面等就是吸引“注意力”的核心。赏心悦目的直播现场风格、有格调的背景图片、有美感的画面能带来良好的传播效果。

（4）创新能力

好的创意往往能深入人心，得到大众的认可，在网络上形成意想不到的影响力。主播要大胆创新，不断产生奇思妙想，用新颖的内容与形式吸引大众的目光。

（5）学习能力

金牌主播一定要对身边事物充满好奇心，同时要充实自己的知识库，不断学习新知识、新技能，而灵感往往就来自对新事物的体验。

（6）分析能力

金牌主播应具有良好的数据分析能力。直播销售工作面临后台阅读、互动、分享、留言评论等大量数据运营工作，了解数据形成的原因并预测趋势是金牌主播的优秀素养之一。

### 3. 金牌讲师主播的商业素养

金牌主播需要具备基本的商业素养，具体包括以下四个意识。

第一，市场意识，即在商业活动中按照市场需求提供专业服务，按照市场经济规律谋划发展的意识。

第二，风险意识，即在商业活动中对时间、成本、人员、效益等商业运营环节可能存在的风险进行预判、规划和应对的意识。

第三，规则意识，即在商业活动中自觉遵守商业活动伦理、行业规范和企业制度的意识。

第四，服务意识，即在商业活动中为相关利益方、合作方提供热情、周到、主动服务的意识。

4. 金牌讲师主播的新媒体素养

金牌主播的新媒体素养，即适应全新媒介环境和社会关系变化，构建更大、更好的社交网络所必须掌握的基本知识技能与行为规范，具体包括以下几个方面。

第一，媒介意识，即能够充分认识所使用的新媒体技术和平台的特殊媒介属性，掌握相应的信息渠道和格式，从而适应超文本、网络化的交流模式。

第二，视觉化能力，即在以视频和图像方式为主导的网络平台，具备以图像化处理为主要方式的网络工作能力，能够适应更加视觉化的沟通交流模式。

第三，信息组织能力，即能够在海量的网络信息中识别有效信息，并根据自身需求对有效信息进行组织，以实现有效交流的能力。

第四，创新意识，即在日新月异的网络环境下能够以现有的思维模式提出有别于常规或常人思路的见解，利用现有的知识和物质，在特定的环境中，本着理想化需要或为满足社会需求而改进或创造新事物（包括产品、方法、元素、路径、环境等）的意识。

5. 金牌讲师主播的综合素养

金牌主播应具备的综合素养包括以下几方面。

第一，团队合作意识，即具有良好的团队意识和精神，能够围绕一个统一目标，在团队内部进行有效的组织协调工作。

第二，沟通交流能力，即能够在事实、情感、价值取向和意见观点等方面采用有效且适当的方法与对方进行沟通和交流的能力。

第三，复盘能力，即具备通过对某个周期、阶段或时间点的思维、行为进行回顾、反思和探究，进一步提升自身思考与行动水平的能力。

第四，抗压能力，即能够承受高压工作环境、职业逆境等带来的心理压力，有效调节负向情绪的能力。

## 二、目标定位：网络红人 & 卖货达人

### 1. 自我定位：找准自我的核心价值

定位的过程就是给自己建立人设的过程，也就是展现给观众的形象，包括外在形象和内在性格。人设通过长期重复、重点强调来塑造整体形象，让观众想起你的名字就会在脑海中迅速建构你的形象风格，或者当大家谈论某一类内容时就会立刻想起你。

作为讲师展示自己是一件高风险、高收益的事情，收益是我们有机会得到很多人的喜爱和追捧，让自己的一技之长对别人的实际生活有所帮助，或者用自己的价值观吸引相仿的人。靠自己的技能和人格魅力打造 IP 还能实现商业变现，与调性相仿的商业品牌合作或者拿到行业大奖等直接的物质或荣誉奖励。风险在于主动把讲师自己展示在互联网上，势必会引来他人的讨论、批评甚至厌恶。尤其是现在的年轻观众极具个性，向往小众，早已养成了各自的审美观照习惯，因此想要迎合全部观众已经不可能，找到自己真正的观众和潜在粉丝非常重要，前提是自己要找准定位。

无论是网络红人还是带货达人，都需要拥有自己的核心价值，让观众成为自己人。把自己的快乐分享给他们，和他们成为知心朋友，用自身的价值观去影响他们，才能毫无违和感地卖东西，实现自己的最终目标。

### 2. 用户定位：找准目标用户群体

了解用户数据是为了更高效地投其所好。确定了自己的内容方向后要继续选择角度和细节。如果对用户数据不了解就没有目标，很难在较短时间内创作出观众认可的内容。而用户数据绝不仅仅局限于使用短视频的数据，目标用户群体的生活方式、消费理念和相关数据、工作职业、生活城市等也应该纳入考量的范围。

“90 后”是短视频的主要使用人群，他们在时尚资讯浏览上诉求更强，更渴望并擅长找到自己想要的信息，他们愿意花费时间在微博、微信和短视频 App 上，对明星街拍和博主搭配展现出浓厚的兴趣。在此背景下，“90 后”也成为电商的

主力消费人群。因此，短视频和电商的融合成为电商平台、商业品牌和“90后”用户共同的需求。

3. 市场定位：细分领域重度垂直深耕

如何进行市场定位？

（1）分析现有市场类型分布

目前短视频内容大致分为红海、蓝海两大区域。蓝海指的是未知的市场空间，全新的市场包括突破性增长的业务或者战略性新业务。而红海指的是已知的市场空间，竞争较为激烈。处于深红海的内容类别有美食、生活资讯类、时尚美妆、游戏、搞笑等，红海领域还有影剧评、少儿音乐舞蹈等。蓝海领域有运动健康、旅游、文化教育、汽车、娱乐、母婴、财经、军事等。这些类别仍有很大的空间可供开发。

根据统计，行业播放量靠前的为少儿、生活资讯、美食类、搞笑类、游戏类。从互动程度来看，游戏类、音乐舞蹈、时尚美妆、科技、美食、搞笑等类别远超平均值，内容上的互动性和运营团队的尽职使得这些类别更容易拉近和观众的距离。

（2）善于发现市场稀缺类型

一切学问都是人学，拍短视频也是如此，归根到底要从人的需求出发。财经类、科普类、医学类都是目前短视频内容的新需求。时尚美妆类节目本来已经接近饱和，各种美妆试色和化妆教程让人目不暇接，头部大V们看起来已经将流量分割完了，但是这样处于深红海区域的一个类别依然有人可以靠新的更高水准的内容进入第一梯队。

## 三、金牌讲师主播应该掌握哪些必备技能？

金牌主播在直播过程中必备技能如下。

1. 开播阶段

在开播阶段，对金牌主播技能要求如下：能根据平台规则开通直播，能根据规范和标准选择商品，能根据选品要求搭建直播场景，能拍摄并剪辑短视频。

相关知识要求如下：了解直播功能开通流程，了解选品规范和选品标准，掌握直播间场景搭建技巧，掌握短视频拍摄与剪辑技巧。

2. 直播阶段

在直播阶段，对金牌主播技能要求如下：能运用引流工具进行账号引流，能根据选品进行分享讲解，能流畅、自然地开展直播，体现较好的综合职业素养。

相关知识要求如下：掌握账号引流技巧，掌握直播展示基础知识，掌握直播表现技巧。

3. 售后阶段

在售后阶段，对金牌主播技能要求如下：能处理平台订单，能根据具体问题开展售后服务，能开展粉丝互动营销。

相关知识要求如下：熟悉订单处理（接单、发货）流程，掌握售后服务基础知识，掌握粉丝营销基础知识。

## 四、如何打造金牌讲师主播人设？

人设是一种标签，要想让别人快速认识你，最好的方式就是给你自己贴标签。但人设并不是靠主播在脑海里凭空想象出来的，而是观看者通过直播内容切实感受到的。所以，明星要立人设，主播更要立人设。有人设的主播往往更招用户喜欢，更受用户信任。

主播们首先要考虑的就是，这个人设是否符合自己本身的性格，很多人一味地追求当下流行的讨喜人设，最后只会戴着面具演得太累、太自我，有时候会更难让观众喜欢。给自己做一个定位，去梳理自己的发展优势在哪里，然后再根据你所做的直播类型，把自己的优势和直播类型相结合，最后去分析观众喜欢看什么。

1. 形象管理

做好形象管理，能让主播更轻松地维护和粉丝之间的关系，更好地保持和粉丝的黏性。发的每张照片都要筛选，人物、背景看上去要美观。

首先，做好朋友圈的形象管理，只要是和粉丝交流，都要做好形象管理，特别是注意你的头像和朋友圈图片，平时直播聊天时，即使每个人性格不一样，也要注意最好是贴切人设。

其次，要说说个人的谈吐。有些人说话的时候，老是讲一些没什么意义的话，或者让人听起来云里雾里的，又或者连普通话也说不标准，这样子直播，别人听你讲话就觉得脑瓜子疼，怎么可能愿意留在你的直播间。

最后，是关于待人接物的。如果你爱端架子，瞧不起人，或者观众问你话，你也故意不回答，这样可不行。作为主播，你用这样的态度去对待人，别人以后都不会想看你的直播，直接把你拉黑了，你也没办法去吸引粉丝。

2. 电商主播的语言特色探析

电商主播的语言特色主要体现在以下几个方面。

（1）语气较为亲切柔和

电商主播需要与观众友好相处，言谈举止要谦恭、亲切且友善，因此他们通常说话时语气柔和、亲切，从而能带给观众热情大方的感受。

（2）语言风格轻松优雅

电商主播要说话简洁而富有影响力，并且要保持语言风格轻松优雅，将产品介绍说得生动、明确、有吸引力，以及说得充满活力，从而吸引更多的观众参与到主播的活动中来。

（3）精通词汇与表达方式

电商主播要掌握各种电商常用词汇，熟悉各种电商专业术语，对相关行业产品有很全面的认知，并且要掌握合理的口头表达，讲话风格平实而生动，能较好地将产品信息传递给大众。

3. 从 3 个角度渲染主播人设

人设是出于直播团队的精心策划；但人设的建立，则需要基于用户评价和网络互动。换句话说，人设要想打造成功，需要“立得住”；而能否“立得住”，就在于用户对于主播的认知和印象是否与策划的人设一致。

让人设“立得住”，直播团队还需要通过以下 3 种方式积极渲染主播人设。

（1）策划一系列故事

策划一套能够表达人设的故事，主要包括以下三类。

第一类，个人成长的故事。这样的故事不是简单地宣传主播个人的事业做得有多好，而是告诉用户主播个人成长经历，让用户对主播的经历产生共鸣，进而对主播个人产生认同感，愿意主动去了解主播所做的事情。

第二类，得到用户肯定的故事。这种故事的核心内容是，主播和直播团队凭借什么原则坚持做了哪些事，在这个过程中克服了哪些困难才得到了用户的肯定。这个故事也在告诉用户，直播团队信奉什么样的价值观，直播团队在用何种方式为这个世界创造更好的价值。讲这样的故事，需要能触动用户的情感。因此，直播团队在策划这样的故事时，不是简单地描述真实的经历，而是要在真实经历的基础上加入能够感动自己、唤起情绪的“行动意义”，从而让故事先打动自己，再打动他人。

第三类，直播团队的趣事。日常趣事不同于个人成长的故事和得到用户肯定的故事，是轻松的、幽默的故事，是能够引人发笑的故事。这样的故事，对故事的主人公来说是“小尴尬”“小错误”“不完美”，却能让用户感觉到直播团队成员的真实和可爱。

以上这三类故事可以以文章或短视频的方式发布在不同的自媒体平台上，吸引平台用户的关注。

（2）在直播间讲故事

主播也可以在直播间讲故事，并加入自己的观点，通过引起用户的情感共鸣，渲染自己在生活态度方面的人设。基于此，主播可以在直播过程中讲以下 4 种类型的故事。

第一类，正能量的故事。当今时代，正能量的故事往往更有传播价值，而且能够提升主播和直播团队的形象。例如，亲情、友谊、爱情、善心、励志、诚信、互助、忠诚、踏实等都是能够打动人心的正能量主题。

第二类，生活化的故事。生活化的故事，即“接地气”的故事，能够让用户觉得真实，感觉跟自己相关，也更能打动人。生活化的故事的核心是“真实”，主播可以对故事的细节进行适当的调整，但故事的主要内容必须是真实的。

第三类，有个性的故事。有个性，即是有主见、不盲从，主播往往也会有自己的信念,且能坚持。“有个性”的故事,往往能引人深思,引发讨论。主播讲的“有个性”的故事，可以是“有个性的人”做的平凡事，也可以是平凡人做的“有个性的事”。

第四类，有情怀的故事。有情怀的故事，讲述的多是执着于追求自己认为正确的事情，展示的是内心的满足，而不是功利的得失。有情怀的故事，自始至终都体现着对美好的期望，更容易打动人心，引发赞赏和追随。

（3）打造自媒体的传播矩阵

对主播人设的宣传，直播团队不需要局限在直播间，可以利用与直播间相关联的微信公众号、微博、抖音、快手、社群等对主播进行人设的包装和造势。

可见，要想大幅度提高直播间人气，就需要为主播在各个平台打造一个系统化的传播矩阵，定期频繁地输出符合主播人设的内容，增加主播的全网曝光度，为主播的直播间积累流量。

## 五、暴增金牌主播直播间的人气

直播营销需要建立在信任基础上，正向价值观及符合正向价值观的言行，更容易获得用户的信任和长期支持。

### 1. 依据用户群选择人设角色

主播是直播间的核心，用户对主播的认知和印象决定了对直播间的评价。而有鲜明人设的主播，更容易被用户识别和铭记。在直播策划中，需要先策划主播的人设。一个有新意的、讨喜的人设，更容易得到用户的喜欢和支持。根据“与用户的关系”，主播的人设角色可以分为 4 种，即专家型、知己型、榜样型、偶像型。这 4 种角色所代表的意义如下。

第一，专家型，即在某一学科、行业或某项技艺上有较高造诣的专业人士，已经拥有某个领域或多个领域的知识体系，能够有效解决领域内的各种问题，也能够通过写作、演讲等方式持续输出行业内的专业知识。专家型人设是凭借专业知识来获取信任。一般情况下，金融服务类、地产服务类、职场服务类、法律服务类、创业服务类、在线教育类及文化类商品的主播，需要树立专家人设。

第二，知己型，女性用户群的“女闺密”、男性用户群的“好兄弟”，都是知己型人设。知己型人设的表现是，能站在用户角度根据用户的需求提供好建议。其特点是“与用户站在一起”。因此，拥有知己型人设的主播输出的许多内容，需要跟用户群一致或保持同一水平。拥有知己型人设的主播，适合推荐家居用品、生活用品、数码产品、食品等品类的商品。

第三，榜样型，是指在某个或某些方面能力突出，堪称榜样，也称作“达人”。例如，有的人与人交往热情、主动、言行得体，处理人际关系问题游刃有余，即可策划为“社交达人”人设或“高情商”人设。拥有榜样型人设的主播，适合推荐美妆、服饰、运动、科技、娱乐服务、生活服务、旅行服务等品类的商品。

第四，偶像型，是指拥有比较突出的外在形象和才艺特长，拥有偶像型人设的主播更适合推广跟潮流相关的品类，如美妆、服饰、影音、运动、旅行商品或服务等。

直播团队策划主播的人设时，可以根据直播间主要销售商品的品类或直播间主要用户群的消费偏好，选择合适的人设；也可以根据主播个人的特点，如年龄、形象风格、语言风格等特点，为其策划合适的角色。

（1）年龄。主播的真实年龄和镜头下年龄如何？每个人设角色适合展现的最佳年龄是多大。例如，如果主播只有 20 岁，策划人设为“偶像型”“知己型”会比“专家型”更合适。能够给予用户专业意见的行业专家，需要有丰富的从业经验，需要有精彩的履历。那么，40岁的主播显然会比20岁的主播更容易获得用户的信任。

（2）形象风格。主播平时的个人形象是“日常邻家哥哥、姐姐”型的，还是“时尚精致”型的？偏爱日常装扮的主播，策划其人设为榜样型或偶像型，可能缺乏说服力；但若是策划其为“知己型”，则可能会更有亲和力。从另一个角度说，若是策划主播人设为偶像型，就需要主播塑造出时尚精致的外在形象。

（3）语言风格。主播在沟通问题、解决问题时，是采用情感说服还是理性思考后的逻辑说服？采用情感说服的主播可能更适合成为知己型主播，采用逻辑说服的主播可能更适合当专家型、榜样型主播。

除此以外，直播团队还可以根据主播对一些生活问题的看法来丰富主播的人设形象。例如，主播如何看待婚恋关系，有哪些爱好，喜欢结交什么样的朋友，以及他 / 她的朋友是怎么描述他 / 她的。通过回答这些问题，主播可以让自己的人设更加立体。

最后，再补充一种情况：如果主播是在短视频平台做直播，是在短视频账号已经聚集了一批粉丝后才开通直播的，而且，主播就是短视频的出镜人员，那么，直播中的主播人设就需要与短视频内出镜人员的形象保持一致。如果直播过程中主播风格与短视频中主播的形象有很大、很明显的差别，那么，依靠短视频积累的粉丝可能会感到失望，不愿意去观看关联的直播，直播的营销效果也就无从谈起了。

### 2. 为人设添加一些独特元素

直播团队还需要为主播设计一些独一无二的属性，即挖掘主播的独特之处。挖掘主播的独特之处，可以通过以下4个方法来实现。

（1）提炼“闪光点”

提炼“闪光点”，即挖掘主播个人的核心优势，具体可以从主播的外表、性格、特长等方面入手，也可以从学习历程、工作经验、生活经历、独特技能、个人荣誉等方面寻找主播与其他主播的不同之处。不管从哪里找，关键是要找到一处能够让人记住的“闪光点”。

（2）添加“反差”属性

确定“闪光点”后，直播团队就可以再依据“闪光点”为主播添加一个“反差”属性。在不违背主流观念的情况下，为主播添加一个与众不同的属性，有助于提高主播“人设”的独特性和易记性。

（3）设计有辨识度的言谈举止

确定主播的独特属性后，直播团队就可以根据要表达的独特之处，为主播策划和设计一些有辨识度的行为和语言，以打造其独具个性的人设。

其实，主播并不需要专门设计不符合自己特点的言谈举止。每个人都有与众不同之处，或是外表，或是语言，或是某些已经习惯的“缺点”。接纳与别人不一样的部分，从正向的、积极的角度去理解这个“不一样”之处，这一点“不一样”就是主播身上最有记忆点的个人特征。

（4）设置一个有趣易记的名字

直播团队可以为主播设置一个有趣、易记的名字。为主播设置名字，建议遵循 5 个原则：贴合人设、朗朗上口、用词简洁、寓意美好、无生僻字。

此外，还要注意名字的发音。看看名字有没有谐音，谐音的寓意如何，发音听起来是不是有力量。确定名字之后，不要轻易修改。

## 六、如何实现快速增长粉丝？

互联网时代，内容为王。优质的内容是吸引粉丝的基础，以此带来的口碑，是短视频发展的强大动力。在保证质量的基础上，持续更新，提高曝光率，是短视频运营的不二法门。而处理好二者的关系，是每一个短视频从业者都需要面临的基本问题。

### 1. 保证更新频率

当前，多数短视频节目采取周更的方式进行更新，也有少数规模较大的节目能达到日更。保证一定的更新频率，短视频才能持续运转；提高更新频率，则更有利于短视频产品的运营和流量的提升。对于短视频节目来说，如果能够达到日更状态的话，其实会给节目带来很多的好处，有利于节目快速发展。

2. 保证更新质量

策划是一个短视频的开端，好的策划关系到整个短视频的内容够不够吸引人，是影响短视频质量的最重要的因素。其他因素可以看成短视频的外壳，而策划则是短视频的灵魂。策划出的内容符不符合用户的观看习惯，能不能打动用户的心，这些都直接关系着短视频最后放到市场上的受欢迎程度。

3. 在视频中直接互动“吸粉”

在直播软件中，用户经常能收到提示：在自己或其他人看直播时，留言区会出现“×× 进入了房间、×× 来了”等提示；主播看到用户进入房间会说：“欢迎 ××。”被主播点名时，观众会产生一种“被尊重”的感觉，对主播的“倾慕之心”“好感”就会增加。

4. 多搞活动，发放福利“涨粉”

活动是提升互动最直接有效的方式。短视频节目运营一段时间后，粉丝会逐渐习惯节目的内容和风格，双方进入一个平衡稳定期。仅靠日常的内容运营不足以刺激用户产生更多的互动。此时，就需要定期制造一些新玩法，以保持节目对粉丝的吸引力和黏性。直接发放福利，就是一种最简单也最有效的活动。

5. 关注需求，及时回复“固粉”

用户观看短视频，就必然会有人评论，表达欲是人类的基本需求之一。如何正确地对待评论，是短视频节目运营者需要思考的问题。评论不仅反映了用户的需求，我们可以根据用户需求对短视频进行调整，使之更符合观众口味；评论也是用户与短视频节目交流的一个窗口，及时回复评论，让用户产生交流感和互动感，从而更快、更深进入短视频粉丝群体中。

## 七、打造金牌讲师主播个人 IP，身价百倍

什么是个人 IP？字面理解是，IntellectuAI Property，指个人对某种成果的占有权。在互联网时代，它可以指一个符号，一种价值观，一个具有共同特征的群体，一些自带流量的内容。其实质是粉丝对其价值观的认同。或者说，IP 就是让人们以共同的价值观，产生沟通、连接的人或事物。因此，个人 IP 与网红不能混为一谈。拥有千万粉丝的网红太多，真正能一呼百应，像罗永浩那样跨界运作的人并不多。网红带来的流量可能只是一时，或者局限于所在的圈子，这就凸显出个人 IP 的品牌价值。个人 IP 能凭自身的吸引力，挣脱单一平台的束缚，在多个平台上获得流量，进行分发。

第一，讲师个人 IP 对事业赋予的是人格背书，能够增强信任。相较单一的产品宣传，个人 IP 带来的粉丝质量和黏性要牢靠得多。自媒体时代，个人的影响力甚至超过了传统媒体，人们更愿意从某个信任的人那里获取信息，而不是刊物和节目。

第二，讲师个人 IP 更容易将流量变现。现在到处都在宣扬流量为王，甚至做标题党，吸引眼球，强行创造“10 万 +”。个人 IP 一旦形成，无论做什么都更容易获得粉丝认可，而不需要费尽心机，粉丝对内容比较包容，更注重 IP 传达的价值、理念并更容易接受和理解，流量更稳定。而标题党对 IP 有致命的伤害，是透支行为，会损伤好不容易积累起来的品牌价值。而且个人 IP 的流量变现，已经不仅仅局限于广告这种手段，可以自创电商、代言，甚至有用户直接为内容打赏。

第三，讲师个人 IP 更能与粉丝形成紧密关系。过去，明星都是高高在上的，为了维护形象，只露出他们精心设计的那一面。这种完美是不正常的、刻意营造的。现在，粉丝需要的是真实、鲜活的人设。

作为讲师个人 IP，可以不完美、不帅，也可以有一些小毛病，但是一定要呈现出完整的性格和思想内涵，从而让粉丝了解这个人的价值观。平时与粉丝双向

互动，形成的关系也比“追星族”牢固得多。

## 第二节　培训师通用直播准备流程设计

### 一、精心准备直播内容

提前准备好直播内容十分重要，这直接关系到观众对你直播的兴趣和关注度。根据观众的需求和兴趣点，结合数字人直播的特点，设定适合的直播主题，提高观众的参与意愿和传播度，要明确以下两点。

1. 直播目标

首先一定要有一个直播目标，就是这一场直播是为了转粉、为了留资，还是为了在线？然后就要奔着这个目标去做。其次，比如说想把停留拉上来，直播间需要有一些福利活动在里边。因此一场直播在直播前一定要去定一个数据的目标，在直播的时候，你可以奔着这个目标去做这一件事情。最后，下播之后看在做这个事情的同时，数据有没有提上来。

2. 直播前规划好直播流程

比如说两个小时的直播中，10 分钟时可能需要发 1 个福袋，福袋的口令设置等都要提前考虑和设计，写在直播脚本上并设置好相关程序。再比如，联系直播内容和特点预先想好关键词、屏蔽词等。

直播前充分准备内容，使产品信息详细、清晰，并做好细节预案，让直播内容翔实丰富，避免直播中可能遇到的问题和失误。

### 二、熟练准备直播话术及技巧

主播与粉丝的交流沟通能力直接决定了直播的效果。可以说，直播很大程度上是一次语言表达艺术的展现，直播的核心就是直播话术的体现。作为一名合格的主播，必须掌握基本的直播话术。

### 1. 直播话术的六阶梯结构

通常情况下直播话术分为六段式结构，逐渐递进。六段式结构分别是引出需求、卖点强化、场景延伸、限时限量、额外惊喜和服务保障。

（1）引出需求

如果你在直播中没有合适的话术去调动观众的兴趣和好奇心，不能引起观众的共鸣，那么就很难将他们转化为潜在客户和最终的消费者。通过引出需求的话题切入，增强互动和群体参与，可以让主播更好地了解观众，理解他们的需求和关切，这样也就可以更有针对性地进行讲解和推荐。

（2）卖点强化

在编写产品卖点之前，首先，了解受众。需要确定观众的年龄、性别、兴趣爱好和购买习惯等方面的信息。这样可以帮助你更好地了解他们的需求和痛点，并为他们制定合适的卖点话术。在直播间介绍一款产品的时候，卖点不用太多，3 ~ 4 个独特且重要的卖点就足够了，此外把每一个独特卖点详细展开并进行强化也是十分重要的。其次，强调产品特点。最后，可以讲述产品背后的故事。

（3）场景延伸

场景延伸话术就是什么人，在什么时间节点，做了什么样的事情，从而把抽象的产品介绍具象化、场景化、生活化，让观众具有强烈的代入感，从而帮助直播间提升营业额。在编写场景延伸话术时，可以根据不同直播场景，选择不同的话题来延伸你的直播内容。场景延伸的好坏有时直接决定了直播间观众的购买欲望和商品点击率。

（4）限时限量

直播间与传统购物的不同在于购买时消费者的决策周期较短，所以打造限时限量可以创造紧迫感和独特性，从而增加观众的购买意愿。当观众发现你的产品只有在特定的时间或数量内提供时，他们可能会感到需要尽快采取行动，以确保能够购买到该产品。这可以刺激观众的购买决策，增加销售机会。

（5）额外惊喜

赠品奖励、优惠和折扣，是直播间常用的惊喜方式。你的直播间可以提供独家优惠或限时折扣，在直播过程中宣传这些优惠和折扣，激励观众尽快下单。

（6）服务保障

在直播间促单环节中，你可以对产品的服务及保障进行讲解，打消观众对直播间粉丝下单的顾虑，为直播间购买提供服务保障，可以增加观众对你直播间的信任和满意度。

### 2. 常见的几种直播话术

（1）欢迎话术

进入讲师直播间的人会逐渐变多，此时应该采用的话术是：欢迎 ×× 进入直播间。注意这类欢迎语不宜太过机械化，可根据直播当天的实际情况适当做一些优化和改良。当观众进入讲师直播间时，讲师的身份切换为主播，能够看到观众的昵称和等级，直播欢迎话术示例如下：“欢迎 ××（昵称）进入直播间，点关注，不迷路，一言不合刷礼物！么么哒！”

这些话术有一个基本原则：让观众知道他进入了你的直播间后，你在关注着他们，让他们有被尊重的感觉，从而提升用户的参与感。

（2）关注话术

观众进入讲师直播间后，主播可以通过话术引导其直接关注直播间，为直播间涨粉。在此过程中，主播要注重自我宣传，不断给新粉丝传递自己能够提供的服务和价值，展现个人的直播风格。这不仅能吸引新粉丝关注，还会让粉丝有先入为主的感觉，从而给粉丝留下深刻的印象。

（3）感谢话术

观众进入直播间后，逐渐会有观众打赏、关注或者购买主播推荐的产品，对这些行为，主播一定要用真诚的感谢来反馈。感谢话术是对观众心意的回馈，真诚的反馈会让用户更有存在感，会有更多的观众加入直播。

（4）互动话术

在直播过程中，粉丝可能会提出各种各样的问题，像“主播多高？多重？”“这件衣服主播能不能试穿一下？是什么效果？”等。

互动话术的关键在于细致耐心。一个问题可能会有很多人问，每个人问的问题可能也有很大差异，有时候需要反复回答相同的问题，所以作为一名优秀的金牌讲师主播务必要有耐心。

（5）追单话术

粉丝在下单过程中可能会犹豫不决，那么这个时候主播就需要用追单话术来刺激用户下单的欲望。

（6）下播话术

每一场直播都要有始有终，所以每天临近下播的时候，都需要有一套完整的下播话术，这不仅是对粉丝不舍之情的延续，也是主播对直播的总结。

从上述话术中不难发现，直播的时间不同，面对观众的不同需求，话术的侧重点也不同，这就需要主播不断锻炼话术技巧。

### 3. 把控直播话术节奏的技巧

直播节奏是每位主播对一场完整直播的整体规划。主播需要明确直播的环节与流程，做到有始有终、有起有伏，给人以有条不紊之感，体现专业性和规范性，同时提高粉丝用户的观看舒适度。直播一般可以分为开端、舒缓、提神、释放 4 个阶段，依次对应的作用分别是吸引粉丝、缓解疲劳、刺激促销和埋下伏笔。

（1）开端：吸引粉丝

直播开始时，主播需要欢迎进入直播间的粉丝，可以利用欢迎话术，来互动活跃气氛，给粉丝一个良好的第一印象。主播在事先设计的直播脚本中要列好开头语和预告性质的话术。成功的直播预告可以带动初始流量，因此建议主播做好直播预告。

（2）舒缓：缓解疲劳

一场直播往往会持续 2 ~ 3 个小时甚至更久，不宜持续推介产品，建议在一个半小时左右，与粉丝交流一些有趣的日常话题，或是分发福利、表演节目、互动游戏等，提升直播的娱乐性，放缓直播节奏，进而缓解主播和粉丝的疲劳状态。

（3）提神：刺激促销

在直播过程中，主播要抓住粉丝活跃度最高、流量最大的时间点，播出事先策划好的促销活动内容及推荐当天的优质款产品，这样可以更好地带动粉丝消费，提升直播间的成交量。

（4）释放：埋下伏笔

在直播的尾声，主播需要做一波直播间的活跃活动，并且为下场直播进行宣传预告，埋下伏笔。最终，在一个用户活跃度较高的状态下下播，截留数据，为下场开播积累惯性、积累流量。

## 三、安装检查直播设备

当你进行直播活动时，要确保在这之前已经将直播设备安装好并进行测试，这是非常重要的，可以避免出现意外情况，让直播活动高效、稳定、顺畅，让你的直播带货更顺利地进行。以下是关于如何测试设备、网络及数字人后台流畅程度的一些具体做法。

### 1. 测试设备和网络是否卡顿

在直播之前，最好要提前进行网络测试，可以用直播设备上已经预装好的浏览器访问各种网站，确保网络连接是稳定的。运行直播平台软件并观察是否存在卡顿、延迟等现象，如果有，则需要检查网络设置或者更换网络线路。

### 2. 测试数字人后台是否流畅

数字人后台是进行直播活动的核心，因此必须确保其运行流畅。可以在直播之前，模拟直播活动，测试数字人后台的各种功能，如直播界面、交互界面、个人信息管理等，测试这些功能是否能够正常使用，是否存在卡顿、延迟甚至崩溃等现象。如果发现任何问题，应及时与技术团队联系解决。

## 四、充分准备直播贴片

### 1. 提前选定好贴片内容

在直播之前，要提前选定好要插入的直播贴片内容，如购买福利、到店礼、背景视频等，这些内容应该与直播主题直接相关，并且要符合观众的兴趣点。这样才能有效吸引观众的注意力，提高直播的曝光率和转化率。

### 2. 提前制作好贴片素材

为了确保直播贴片的效果，直播贴片素材应当提前制作好，包括视频、图片、文案等。比如，进行房产直播带货前，可以准备好小区环境、周围环境和配套设施（交通、教育、商业设施等）的视频素材，剪辑好放到背景视频中。当然你也可以考虑将贴片素材交给专业的制作公司来制作，以确保更好的质量和流畅度。

### 3. 提前与产品方及直播平台协调

贴片内容和形式需要提前与产品方及直播平台协调一致，确保直播贴片的时长、位置、内容都与平台要求相符，以达到最佳呈现效果，为直播活动带来更大的增值效果和更好的用户体验。

## 五、巧妙设置购买链接

### 1. 提前将购买链接设置好

直播间设置购买链接的目的是将直播内容与产品销售结合起来，提供便捷的购买渠道，促进实时销售。

通过设置购买链接，可以方便用户进行购买操作，提升销售转化率，增加用户购买便利性，提供更多产品信息，便于数据追踪和分析，以及建立品牌关联。这些好处能够帮助商家在抖音直播中提高产品销售效果。

因此在直播之前，应该提前将直播间购买链接设置好，并在直播中进行宣传和引导，以鼓励观众参与互动。此外，也可以在直播中设置定时器，每隔一段时间就提醒观众去购买，来进一步提高转化率。

2. 认真对待留资数据

在直播活动结束后，要认真对待留资数据，即观众点击访问产品时注册或登记的信息。这些数据可以用于分析观众的兴趣点、需要和偏好，以便更好地调整后续的直播内容和互动形式。同时，也需要及时与留资观众进行沟通和联系，与其建立更好的关系，提高用户黏性和转化率。

所以，留资操作也是直播互动的重要组成部分，提前将小黄车留资链接设置好，并在留资界面上标注购买补贴及优惠、到店礼品等可以提高直播的互动性和留资效果。

## 第三节　培训主播5个关键力轻松玩转直播间

培训主播必须具备的直播能力分别是心态力、产品力、感染力、话术力、控场力和流量感知力。

### 一、心态力：直播关键节点的心态调整

在新媒体行业中，特别是在短视频、直播等领域，一些账号之所以能够获得成功，往往不是因为他们的脚本多有趣、表演有多好、创意多新颖，而是因为他们始终不断地更新并深耕于这些平台数年之久。

因此，在短视频或直播过程中，心态十分重要。在直播中，主播的心态和情绪会影响所有人，不仅会影响观众的心态和情绪，同时也影响其他团队成员的心态和情绪。因此，主播的心态和情绪管理能力也就显得尤为重要。

无论在什么行业，心态和情绪管理都是成功的重要因素之一。一般，直播间

主播常见的心态问题如下。

1. 在线人数太少播不下去

对于新手主播来说，当经历低在线率的时候，应该给自己信心，要清楚行业内几乎所有的大主播都曾经从低在线率走过来，这是所有主播的必经之路。因此，在这个过程中，主播应该先把自己的状态调整好，即便直播间没有什么人进入也要快速调整状态。

2. 人气忽高忽低

在短视频和直播平台上，人气忽高忽低是非常常见的。我们经常会看到这样的情况：直播间前几分钟还有几百上千人在线，但三五分钟后就只有几十个人，甚至个位数了。这是非常正常的现象。与实体店类似，我们不会因为某一天下雨而关闭店铺。同样地，我们要在直播和短视频领域中保持稳定性和耐心，以长期的经营理念来进行业务运营。

3. 上镜焦虑

许多主播在直播时可能会感到上镜焦虑，有一定的心理包袱，导致无法完全展现自我。

4. 自信心不足

在直播行业，我们不可能做到让所有人都喜欢我们的表现。此外，我们也无法完全操控流量等问题，即使是资深主播或运营专家也不能完全解决这些问题。因此，增强自信心非常重要，因为直播间交易的底层逻辑是建立在信任基础上的。如果主播对自己缺乏信心，观众也会感受到，并对主播的真诚度产生质疑。观众之所以会下单购买，是因为他们被主播对产品充满信心的表现打动。因此，在这个行业中，激励自己非常重要。

## 二、产品力：站在用户的角度选品控品

目前大多数主播都是半路出家，他们对产品的了解通常只是表面上的。例如，

卖陈皮的主播可能只是从书中搜集了一些资料，而对产品的了解程度并不深。虽然某些爆品只需要报价就能够促成交易，但大多数产品都需要从用户需求和痛点出发，进行深入宣传。对产品了解得越深入，越容易打动用户。因此，在这个过程中，主播和运营人员必须搭好基础，充分了解产品，站在用户的角度，而不是固守在产品思维中。围绕客户关心的核心问题，主播需要了解 5 个方面的产品知识：第一，卖点；第二，加分项；第三，价格；第四，使用场景和方法；第五，售后。

1. 卖点

一般来说，直播时描述产品的卖点不能超过 3 个，因为太多的话用户就听不进去了。第一个卖点一定是客户买这个产品的核心原因，即核心卖点，哪怕核心卖点只有一个，也能透过这个点打到用户心坎里，把东西卖出去。

2. 加分项

加分项是给核心卖点去做佐证的，不能空讲，应出具一些可视化的证明，比如质量检测报告、获奖证书等。

3. 价格

主播要对市面上的同类产品了如指掌，只有这样才能给用户传达出“同质量价格我最优、同价格质量我最好”的效果。

4. 使用场景和方法

这也是消费者非常关心的问题，主播可以就此延伸出消费者的使用痛点和需求画面，尤其在兴趣电商平台中，消费者的初始消费欲望不强，主播就需要给用户营造一个具体画面来激发需求。在营造过程中，需要有时间、地点、人物、起因、经过、结果等要素，要营造出具体画面。

5. 售后

用户购买产品可能就是因为主播的三言两语，对主播一定是产生了强烈信任感的。发货速度及售后问题也是影响成交的重要因素，所以同样需要十分重视。

## 三、感染力：时刻牵动用户的情绪价值

天才主播可遇而不可求，而90%的人可以通过后期的练习成为相对不错的主播。要想让自己的直播有感染力，第一步先去找到适合自己的对标人物。去带货榜搜集，用数据平台去抓取，都能看出谁的销售数据好，获取优秀话术最直接的方法就是把销售数据好的直播间的主播话术录屏拆解，然后去模仿他。看他的表情、肢体语言，说到哪里笑了，哪里皱眉了，哪句话表情严肃了等，做到细致拆解。可是我们发现即使使用同样的话术，同样的产品，但不同的主播，效果也是不一样的。答案在于是否具有感染力，能不能牵动用户的情绪使其下单。

## 四、控场力：科学掌控直播节奏和效果

什么叫控场？简单来说就是让用户听得进去，有沟通欲望。普通主播看起来像是在自说自话，而金牌主播像是在对着一个人或几个人说话，这是因为他们的控场力不一样。想从新手主播进阶为高级主播，学习以下3个方面的内容以增强控场力。

### 1. 控场词

控场词本身就是想通过简单的几句话，快速吸引观众的眼球聚焦到你这里来，听你想表达的重点，肢体动作尽量夸张，长期不动的画面容易让观众走神听不下去，同时眼神要非常坚定。另外，控场词不要说得太轻飘，要有力度。

### 2. 真诚感

主播说的话要值得用户相信，要有理由，要真诚。

### 3. 带节奏

当用户“点菜”时，主播可以使用这样的小技巧来引导顾客，比如：“让运营人员把二号、三号、四号和五号链接都拿到我的旁边，我们逐个介绍，但现在不管大家是否都要购买，一定要先买我手中的一号链接。”然后，主播开始介绍自己要销售的产品，并将用户的注意力重新集中到这个产品上。通过这种方式，可以避免直播间的氛围混乱，以此提高转化率。

### 五、流量感知力：主播流量感知信号敏感度

直播本就瞬息万变。很多主播并不是不会调整自己，而是不知道目前所处的阶段和情况该如何做出相对应的调整。所以，想要增加自己的流量感知力，主播就应该在对的时间做对的事，关注两点：一是进人情况，二是在线情况。

进入代表推流，即平台对目前拉新客的能力的认可。在线代表停留，即直播间整体内容是否吸引人。

## 第四节　人人都能玩转短视频

### 一、重构“人、货、场”三要素

营销的本质是连接商品和用户，而连接方式就是构建消费场景。商品简称为“货”，用户即“人”，场景是“场”。“人、货、场”，即构成了营销的三要素。

直播营销，是一种基于直播媒体的新型营销方式，并没有脱离“人、货、场”三要素，而是有效重构了“人、货、场”三要素，更符合用户的购物体验，是一个更加高效的新商业模式，具体表现如下。

1. 人

直播营销方式中的“人”有两个元素：用户和主播。

传统的营销方式，是以“货”为核心，围绕“场”进行布局，“人”（用户）到“场”去买“货”，销售人员为用户提供销售服务；而直播营销，则是以“人”（用户和主播）为中心，围绕“人”（用户和主播）进行“货”和“场”的布局。

用户是直播营销的基础元素，决定着一场直播的营销成果。而能不能吸引用户在直播间互动甚至产生购买行为，一个关键因素就是主播的营销能力。

在一场直播营销中，主播的考评依据，并不仅仅在于其影响力、名气或粉丝量，还在于主播是否充分了解用户需求，能否根据用户的需求选出好物，能否跟

供应商谈成低价和争取足够有吸引力的福利，能否通过直观的讲解减少用户的消费决策成本及节省用户选购时间。

优秀的金牌讲师主播往往具备以下 3 个方面的能力：对商品熟悉，能熟练而专业地展示商品的优点；有鲜明的特色、人设、风格、个人魅力；能够使用合适的话术，打动用户。当然，如今的直播营销过程，已经不是主播一个人在战斗，而是一个运营团队在其背后出谋划策及支撑运营。

2. 货

“货”指直播间销售的商品。与传统营销的“先有货，货找人”的方式不同，直播营销需要主播先站在用户角度去“选货”（“选品”），再整合供应链及制定优惠的价格，最后再通过主播在直播间对“货”的充分展示引导用户产生购买行为。在这一系列的营销环节中，选品也决定了直播营销的效果。

在直播营销中，选品的原则是选择低价、高频、刚需、展示性强、标准化高的商品。在此基础上，若能满足以下 4 个方面，就更容易获得良好的销售成绩。

第一，符合定位。即所选商品应符合直播间的定位、讲师主播的人设。

第二，亲测好用。讲师主播只有用过，才能做到了解商品，把真实的体验传达给用户。如果只是像一个播报机器人一样读商品简介或说明书，不但无法打动用户，而且随时都可能“翻车”。

第三，优化品类组合。讲师主播可以将不同类型的产品做成产品组合，保障直播间的收益。

第四，有售后保障。用户通过直播间下单后，收到货发现有问题，主播若不能及时、有效处理，用户就会失去对主播的信任。直播间若失去用户，营销活动也就无法继续。因此，主播选品时，要选择有完善的售后保障的商品。

3. 场

“场”主要是指消费场景，是为连接“人”和“货”而存在的。在直播营销中，“场”的意义在于，主播通过实时互动，搭建消费场景，引发用户的消费欲望，促使用户产生消费行为。

目前，用户通过观看直播产生消费行为，主要有以下6种场景模式。

（1）碎片式场景。用户碎片化时间浏览抖音、快手等短视频平台，看到自己关注的主播在直播，进入直播间观看后被“种草”（推荐），于是下单购买。

（2）社交式场景。用户在微信群看到朋友推荐主播的直播链接，可能会点进去观看，发现主播介绍的商品恰好有需求，且认为价格也便宜，于是下单，顺手还关注了主播的账号。

（3）消遣式场景。用户在下班回家的路上或吃过晚饭休息时，随便点进直播间，从而产生购买行为。

（4）需求式场景。用户有购物需求时，去逛淘宝、京东，发现一些店铺正在直播，通过直播更加直观地感受商品，还可以实时互动咨询，从而产生购买行为。

（5）沉浸式场景。用户像看综艺节目一样，观看直播。这种直播通过主题、内容、环境构建、主播与嘉宾间的现场互动，展示商品的使用场景，使用户对商品产生更好的了解。所见即所得，于是忍不住下单。

（6）追星式场景。一些头部主播有强大的影响力和粉丝群，在开播前会在粉丝群及关联的自媒体平台进行直播预告，粉丝会准时进入直播间观看直播。

## 二、电商三要素：视觉、流量、转化率

随着短视频风口的来临，各大企业纷纷入局短视频的创业浪潮中，以京东、淘宝为代表的电商更是踊跃报名这场流量争夺大战。然而要想获得分红可不是一件容易的事，毕竟短视频变现没有想象中那么容易。相关短视频新媒体运营者不仅要把握好自身平台的稳健运营，还要搞清楚短视频和电商三要素之间的关系，即短视频和视觉、流量以及转化率之间的关系。

### 1. 短视频重塑视觉营销

打开一个短视频，首先呈现在我们面前的是短视频的内容，即视觉上的呈现。从短期来看，精美的短视频往往能够给观看者留下好的印象，迅速引起用户的关

注。而从长远利益来看，长期保持优质短视频的制作能增强用户黏性，有利于塑造自媒体的品牌个性。总之，当下正火的短视频重塑了视觉营销，从而使得电商通过视觉营销变现成了一种趋势。

2. 短视频成为新的流量入口

在流量为王的时代，拥有流量意味着拥有用户，拥有变现的可能。而且足够多的流量也能提升电商的知名度。短视频自诞生之日起便是流量洼地和资本洼地，随着资本的不断注入，短视频带来的流量也越来越多。而且短视频具有天然的娱乐性和话题性，能够快速吸引流量。所以，短视频作为互联网时代的新行业，俨然成了互联网流量的一大入口。

不过，随着线上流量红利的逐渐消失，用户注意力受到越来越多的诱惑，一场围绕注意力争夺的电商短视频大战也愈演愈烈。为此，该如何吸引消费者的注意力并将其转化为流量，成了电商首先要考虑的问题。

3. 短视频有效提升转化率

早在网页端互联网时代，有视频的网络媒体的流量转化率就远远高于无视频的网络媒体，而今在这个信息大爆炸的时代，短视频更是提升流量转化率的关键所在。于是我们看到，有着多年经验的电商影视广告的核心广告语就是：有效提升 3 倍转化率。

对电商来说，转化率本身就是很重要的一个维度，因为作为一个平台来讲，它也需要繁荣，需要盈利。而短视频恰恰能帮助电商提升转化率。一方面，短视频和传统的图片、文字等媒介相比，凭借更低的成本和更广维度的用户建立连接。另一方面，短视频可以更充分地传递信息，与用户建立信任并促使其购买。

## 三、如何快速提高品牌曝光率和转化率

在移动新媒体时代，各种短视频 App 软件的开发呈现出火爆的局面，抖音、快手、秒拍、虎牙、斗鱼……而在现今企业品牌竞争激烈的情况下，要想发挥出品牌影响力，就要学会运用这个媒体时代的平台，提升企业的品牌曝光度和转

化率。

### 1. 品牌曝光的常见方式

增加品牌曝光率的方式有很多，以下是常见的5种方式。

（1）片头片尾插入品牌信息

如果短视频片头、片尾没有品牌信息，短视频内容就会缺少一种品牌效应，用户便很难记住。所以在短视频片头或是片尾插入品牌信息成了品牌增加曝光度惯用的手法之一。

（2）视频中植入品牌 logo

logo 是品牌代表之一，所以在视频中植入 logo 也能增加品牌的曝光率。

（3）视频中插入鼠标

其实这也算是植入品牌 logo 的一种方式，只不过插入的品牌角标是以间隔的形式出现的，比如每间隔50秒出现一次，通常这样会比正常的插入 logo 更引人注意。

（4）品牌入驻短视频平台

以抖音为代表的短视频 App 的火爆自然也吸引了企业的关注，越来越多的品牌开始入驻短视频平台，用短视频内容来和粉丝互动，如京东、天猫、小米、支付宝、滴滴等不同行业的品牌都入驻了短视频平台。

（5）信息流广告

经常玩抖音的用户一定会遇到这种情况：刷几条抖音视频，就会碰到一个标着“广告”字样的抖音信息流广告。可见，往短视频平台投放信息流广告也成了品牌增加曝光率的玩法之一。

比如，雪佛兰、哈尔滨啤酒、苏菲等品牌均在抖音上投放了信息流广告。其中，苏菲在抖音上投放的两个信息流广告，两天时间播放量就达到了1 600万次。

### 2. 提升转化率的3个方法

短视频是目前互联网媒体行业公认的风口，是各大公司竞相争抢的一块“肥肉”。但是否只要点击量高就是成功的短视频呢？答案是否定的。

具体可以通过以下 3 个方面来提高转化率。

（1）用户满意度高是提高转化率的前提

品牌要时刻把用户满意度作为流量转换的前提。简单来说就是不管是内容还是植入品牌信息，一定要让用户觉得舒服，让用户一看到你的 logo 就产生美好的感受，这是用户买单的基础。

（2）结合热点视频宣传品牌

坐等转化明显是不切实际的，即使再好的内容也需要引导。

（3）借助短视频布局电商

随着内容生态的改变，品牌从刺激消费者的感官进阶到获得消费者的情感认同。在消费者中，先消费内容再消费商品已成为一种趋势。那么作为品牌也应该借此趋势布局电商，毕竟电商是提升转化率最直接的方式。

## 四、怎样选择直播短视频的平台？

主流的短视频平台，如抖音、快手，都已经具备并完善了直播功能。优质的短视频内容能为直播带来精准流量，有利于直播营销的顺利进行。

### 1. 抖音直播

抖音是一款音乐创意类短视频社交软件，以音乐创意表演内容打开市场，获得了大量的用户。2023 年 3 月，抖音的用户数量超 9 亿，日活用户 4 亿左右，这个数据可以被看作抖音直播的潜在用户规模。

抖音直播用户属性如下：在城市分布上，抖音直播用户主要集中在三线及以上城市，其中三四线城市的用户人数最多；在年龄与性别结构上，抖音直播的用户群体年龄主要在 24 ~ 40 岁，主要为“80 后”和“90 后”用户；在性别结构上，男性用户比例高于女性用户比例。

从抖音直播用户活跃时间分布上来看，8：00—22：00 用户活跃度更高，晚高峰为 20：00。周末一般 9：00—17：00 用户更活跃，工作日一般 19：00—

23：00用户更活跃。

抖音直播平台具有以下3个营销优势。

第一，潜在用户多。抖音凭借内容分发机制优势和优质的短视频内容，成为短视频用户最常用的软件之一，在各个年龄段、性别及地区都拥有大量的忠实用户群体，用户使用时长也在不断增加。这意味着，在抖音平台进行直播营销，将获得更多的潜在流量。

第二，能够精准投放。抖音直播平台能够利用用户画像分析用户的兴趣爱好，进行有针对性的推送，减少对不相关用户的干扰，找到精准用户。

第三，直播运营计费灵活，店铺投入成本低。抖音平台上的直播运营计费方式灵活。在抖音平台上进行直播营销，只需开通橱窗，就可以在直播间添加购物车，不需要在开设店铺上投入大额资金。

2. 快手直播

快手和抖音一样，快手也是通过短视频业务打开市场，积累了大量的用户。快手与抖音虽然是竞品，但用户群体略有不同，这也让快手直播的营销价值与抖音直播的营销价值有所差异。

快手直播用户偏好：在快手的短视频用户中，用户喜欢拍摄运动、美食等方面的内容，喜欢观看旅游、技能、二次元和舞蹈等方面的短视频内容。在快手的直播用户中，女主播偏好商品售卖及推荐、日常生活展示、闲聊互动、才艺技能展示等方面的内容；男主播偏好商品售卖及推荐、闲聊互动、科普教学、游戏直播等方面的内容。

快手直播平台具有以下4个营销优势。

第一，拥有大量的活跃用户。快手有着大量的活跃用户，并且还在不断增长。

第二，电商平台配置成熟。商家凭借身份证明即可申请“快手小店”的开店资格，商家与个人可以将淘宝或有赞店铺中的商品直接放入快手小店中，通过直播或短视频内容引导观看直播的用户购买。

第三，直播营销规模不断扩大。快手入驻商家较多的类别分别为服饰、本地服务、家居、汽车、美妆，开通直播的商家占比较高的类别分别是汽车、数码产品、家居、美妆和教育。由此可见，对线下体验和客流依赖较大的汽车和家居类商家，也比较认可快手直播的营销能力。

第四，用户消费水平不断升级。在快手平台，越来越丰富的品牌，越来越高的客单价，体现着快手用户的消费水平在不断升级。

3. 小红书

小红书是生活方式分享社区，用户通过分享文字、图片、视频笔记，记录美好生活。

小红书的用户群体主要为“85 后”“90 后”，其中，24 ~ 35 岁年龄段的用户占比最多（占近 60%），消费水平偏高。小红书的用户更关注网购、生活、资讯方面的信息。

在小红书直播的优势如下。

第一，小红书平台通过用户在社区里分享海外购物经验，结合美妆、个人护肤、运动、家居、旅行等话题来建立和巩固用户关系。

第二，小红书平台通过邀请明星、网红入驻，吸引庞大粉丝群体，提高影响力。

第三，小红书平台通过普通用户在平台上分享产品使用心得等，引起其他用户的共鸣、购买欲，从而直接促成平台商城的交易。

劣势：小红书平台的商品描述较简单，售前服务一般，评价系统由用户笔记代替，标准统一性较差；小红书平台需要加强对用户发表不良文章的监督与整改力度。

## 五、直播营销的私域流量平台有哪些?

基于微信平台的私域流量式直播平台主要有视频号直播和企业微信。相比其他类型的直播平台，这两个平台的“带货”能力还不太明显。但其特别之处在于，背靠日 12 亿活量的微信平台，可直接触达微信用户，且用户不用下载 App，在微信平台点开链接即可观看，进而被直接引流至直播运营者的微信或企业微信，成为运营者的私域流量池用户。

1. 视频号直播

不管是观看直播的用户还是开展直播的主播，都不需要下载 App，只要从微信的“发现页”进入视频号,即可观看或开展直播。用户可以在视频号的“朋友”页看到朋友看过的直播信息；或者在朋友圈看到微信朋友分享的直播信息，如果感兴趣，直接点击即可进入直播间。主播开展直播，只需通过视频号右上角的个人主页入口进入个人主页，在“我的视频号”板块点击“发起直播”，即可直接发起直播或设置直播预告。

视频号直播，具有以下 6 个方面的营销优势。

第一，用户规模更大。视频号拥有近乎微信全量的用户基数，包含抖音、快手、淘宝、京东等平台还未覆盖的人群，而公众号积累的老用户也为视频号直播提供了新的机会和市场。

第二，可快速导流。完整的微信生态可以缩短视频号直播的运营环节，主播通过公众号、小程序、企业号、微信号直接为直播间导流，可以有效减少用户的流失。

第三，更高效的流量运营。淘宝、抖音等平台更偏向于公域流量，而视频号却覆盖了公域和私域两大流量池。主播通过视频号直播，可实现“私域流量带动公域流量，公域流量转为私域流量”的流量运营闭环。这对于主播而言是一个新的发展机遇。

第四，更适合进行品牌营销。视频号强大的流量基础和精准优质的客户，为品牌商提供了新的广告阵地，让品牌营销起到快速变现的效果。

第五，更多的资源扶持。视频号开通直播功能后，其功能一直在优化。如今的视频号直播功能相对于之前的版本，增加了朋友圈分享、预约后的视频号开播提醒、朋友看过的直播、“直播和附近”（相当于“直播广场”和“同城直播”）

等多个流量入口，主播可以通过朋友圈分享、精准通知视频号粉丝等方式为直播间引入流量。

第六，更简化的购物流程。视频号打通了微信小商店，主播可以在直播中展示小商店的商品，用户可以将感兴趣的商品加入购物车。用户的购物车直接连接已在微信保存的地址，可省去输入地址的步骤，简化了直播购物流程。

### 2. 企业微信直播

企业微信开启直播有以下通道。

第一，社群群聊开启直播。即在企业微信 App 内进入目标用户所在的社群，点击页面底部聊天栏的“⊕”按钮，即可找到“直播”图标，点击“直播”图标后，即出现“立即直播”和“预约直播”选项，选择其一后，点击就可以直接进行直播或预约直播。

第二，工作台开启直播。即从企业微信页面底部的“工作台”进入“工作台”页面，在“效率工具”中选择“直播”，即可进入“直播”发起页面。在此页面选择“预约直播”或“立即直播”，即可填写相关信息进行预约，或者直接开始直播。

相较于其他平台的直播而言，企业微信直播具有以下两方面的营销优势。

第一，主播可以与直播间用户连麦互动。在企业微信平台开启直播，主播可以跟用户连麦互动。只要在开启直播时，勾选“开始直播”下方的“允许观众视频发言”，就能在本场直播中和直播间的用户进行连麦。主播可以主动邀请用户连麦，用户也可以“申请连麦”。

第二，主播可以采用多种分享方式为直播间引流。目前的企业微信，已经全面连接微信。主播在企业微信中发起直播，在开播后可以将直播链接分享到目标用户所在的企业微信群（如“客户群”），也可以直接发送到目标用户的“微信”或目标用户所在的“微信群”。不管是哪种分享方式，接收到信息的用户都可以通过链接在微信端直接观看直播，而不需要安装企业微信 App。

目前，企业微信平台通过“客户联系”—“客户群（自动回复）”—“客户朋友圈”—“直播”—“小程序”—“企业支付”6个环节，帮助诸多行业的企业实现线上客户服务流程一站化。从这个角度看，对直播团队而言，其利用企业微信开展直播虽然可以“带货”，但企业微信的主要营销价值却不仅仅是“带货”，而是为主播的“粉丝”或品牌的“粉丝”提供一站式的用户关系管理服务。

# 第六章　数字人直播：培训行业如何利用直播技术强化IP影响力

## 第一节　讲述数字人直播：虚拟现实融合的应用场景与价值

人工智能，是 19 届杭州亚运会的办赛理念、鲜明标识之一。从场馆设计、参赛流程到观赛体验，先进的数字技术、一系列的智能化应用，无不直接展示出数字中国建设的新成就。

在杭州亚运会开幕式上，有众多“数智”亮点十分吸睛：裸眼 3D 拱宸桥、裸眼 3D 网幕、数实共融的点火仪式、数字烟花等，无疑都是开幕式格外闪耀的场景。其中，数实共融的“数字人火炬”联动线上线下争当火炬手，让线上的亿万名数字火炬手，与现场真实的火炬手一起，共同点燃亚运之火，更是震撼全网。

### 一、数字人：多模态数字内容生成

元宇宙是一个融合了物理世界、增强现实（AR）和虚拟现实（VR）的数字空间，其中包含数字人（Avatar）、物理世界的数字重构以及软件智能体（Software Agent）。元宇宙具备成为未来数字社交互动平台的潜力。为了建立一个高效的元宇宙平台，我们需要混合现实技术（MR）来实现优秀的人机交互，同时也需要大量的数字内容来提供物理世界级别的数字体验。

AIGC 可以通过以下 3 种方式支持元宇宙的沉浸式和交互式体验。

1. 数字人。AIGC 能够为人类创建虚拟身份，这就是我们人类进入虚拟世界的通道。

2. 物理世界的数字重构。AIGC 可以利用 3D 重建技术来实现物理世界的数字重构，从而连接物理世界和数字世界。

3. 软件智能体。基于大型人工智能模型，AIGC 可以创造出高智能的软件智能体，让它们与元宇宙中的人类进行流畅的交流。

再者，AIGC 能够解放数字内容的创作生产力，为元宇宙提供底层支持。元宇宙的数字内容创作与游戏创作有许多相似之处，都需要大量的专业技术人员进行大规模开发，包括文本、图像、3D 模型、音频、视频、代码等资源。然而，AIGC 大大降低了内容创作的难度，使得普通用户在 AI 的帮助下也能成为专业的创作者，这将极大地释放数字内容的生产力。

随着多模态 AI 大模型的快速发展，数字人的创作已经进入了 AIGC 时代，数字人产业也开始蓬勃发展。AIGC 不仅高效地创造出了外表“好看”的数字人，还在推动数字人拥有“有趣”的灵魂。据预测，未来数字人将逐步过渡到纯AI驱动，2026 年中国 AI 数字人市场规模将达到 102.4 亿元，表现出巨大的发展潜力。

## 二、什么是数字人？

服务型数字人应用于多种直播场景，用户关注度提升。

服务型数字人主要包括虚拟主播及虚拟主持人等，该类数字人主要应用于消费品牌直播间、本地生活服务直播间、知识付费直播间甚至是工厂直播间等场景中，承担产品介绍和品牌推广等工作。随着市场对数字人的关注度提升，消费者对直播带货类数字人的喜好程度也在增加。相关数据显示，目前已有 51.8% 的观众喜爱直播带货类数字人。

数字人能还原真人 80% 以上的样子，无论是外观、动作还是声音，都能像现实世界里一样自然。目前数字人直播已在游戏、科技等多个领域得到了广泛运用。当然它运用最多的领域还是零食、美妆领域。

据报道，抖音锋味派意面直播间在使用 AI 数字人后，其直播的日均成交金额约 16.31 万元，对比真人主播 15.15 万元的日成交额显然更加出色。而在拼多多的特步直播间里，数字人主播日均 GMV 约为 4.1 万元，并且登上了运动品牌的销售榜，实力不容小觑。

## 三、什么是数字人直播？

数字人，又被称为虚拟形象、数字虚拟人或虚拟数字人，是以数字形式存在于数字空间中的虚拟人物。随着 CG 技术、动捕技术以及语音合成技术的不断进步，以及人工智能训练数据量、算法和计算能力的持续提升，数字人的迭代更新速度大幅加快。根据不同的数字人应用场景，目前主要分为服务型数字人和展示型数字人两大类产品。

数字人直播是一种利用虚拟数字人技术进行的直播方式。数字人是一种利用 3D 高精模拟真人技术生成的虚拟形象，可以通过语音或手势控制进行智能驱动。数字人直播利用数字化技术将人类的形象转换成数字化虚拟形态，进行直播表演或互动交流。数字人直播技术的核心是使用计算机生成的三维数字模型来模拟人类外貌和动作，并通过深度学习、计算机视觉和自然语言处理等技术实现语音和肢体动作的实时控制。

在过去，视频和直播创作往往需要大量的人力和时间投入，从选角、化妆、拍摄、后期制作等各个环节都需要耗费大量资源。另外，对于一些头部电商主播、明星电商主播等具有稀缺性的主播资源，其产能的瓶颈主要来自真人的直播时长有限。

数字人直播依托人工智能技术，为直播带货注入了全新的活力，它与传统的真人主播不同，不再受时间、空间和人力的限制，实现了高效的 24 小时无人直播。通过数字人直播，商家可以实现全天候的商品展示和销售。无论是白天还是深夜，数字人主播都能不间断地向观众介绍产品特点、解答疑问，甚至进行互动。这种无人直播的模式不仅大大提高了商品曝光率，也满足了用户在不同时间段的购物需求，为消费者带来了更加便捷和舒适的购物体验。

数字人直播一站式服务简化运营流程，推动直播成本大幅降低。同时，数字人直播与 AIGC、ChatGPT 等新兴技术结合，辅助直播脚本准备、话术撰写工作，减少工作量。

另外，数字人直播还能有效降低商家的运营成本。相比传统直播，数字人主播不需要薪资、休息和拍摄场地等资源，大大减少了商家的人力和物力投入。商家只需提供相应的商品信息和素材，数字人主播就能以高度还原的虚拟形象与用户进行直播互动。这种高效的直播模式极大地提升了企业的运营效率，带来了更多商业价值。数字人直播优势凸显，助力商家重心转向货品运营。

综上所述，数字人直播具有冷启动成本低、经济高效运营、无须主播培训、无须技术知识且随时可用等多重优势，能够有效解决商家在直播领域面临的成本、运营和技术挑战，有助于商家将直播经营重点从强营销向好货品转变。

数字人的创建是一项极为复杂的工作，需要经过建模、动画制作、渲染 3 个步骤，通过高级计算机程序实现。

## 四、AI 数字人直播解决了企业哪些痛点？

面对汹涌的“数字人直播”浪潮，有粉丝问我，企业要不要入局数字人？我认为，要入局。而且，现在就是企业入局数字人最好的时机。不过，这也取决于企业的行业和规模。

1. 游戏行业。游戏行业是数字人直播最早得到应用的领域之一，因为游戏的品牌形象和虚拟内容的特性完美切合了数字人直播的特点。

2. 美妆行业。化妆品是一个与女性关联度较高的领域，数字人直播可以通过虚拟形象、美容技巧等方式帮助品牌建立更好的形象。

3. 电商行业。电商平台可以利用数字人直播为商品宣传、展示产品特性，从而提高曝光度和销售量。

4. 食品行业。食品行业具有多品类、客单价低的特点，非常适合数字人进行直播销售。

5. 科技行业。数字人直播可以帮助科技公司展示其创新成果，增强品牌知名度和市场份额。

企业投资是一项理性的商业行为，讲究投入产出比。如果投入无法为企业带来可观的收益，那么这样的投资显然是不值得的。那么，数字人直播可以为企业带来哪些价值？

首先，数字人直播解决了企业招主播难的问题。真人直播需要配备主播、场控、运营等一系列直播相关方面的人才，但是很多中小企业却面临公司吸引力有限、人才薪金要价过高、薪金要价低又缺乏经验能力这样的困境。而数字人直播仅仅需要一名运营参与真人驱动，对于企业来说，大大解决了招工难的问题。

其次，数字人直播解决了企业养主播贵的问题。一位采用数字人直播的企业负责人提到：数字人的一大优势在于大大降低了企业的人力成本。目前，市面上单个主播的平均月薪高达两万元。也就是说，即便不算直播团队，企业一年光招一个主播的花销就高达 24 万元。而数字主播的建模费大致在 1 万元，加上系统使用费在内的各项费用，一年也不过 10 万元。如果企业规模较大，同时拥有 20 个主播的话，采用数字人替代真人主播，一年就可以为企业省下 200 万元的支出。

再者，数字人直播解决了企业留主播难的问题。对企业来说，培养主播是一项辛苦活。一个新人主播从入行到轻车熟路，企业需要在他身上花费大量的时间与金钱。即便最终，企业真的打造出了一款现象级的 IP，真人主播对于企业的不确定性还是太大了，随时有可能出现疲劳生病、情绪低迷，乃至离职这样的问题。而对比真人，数字人的表现则十分稳定，不生病，不离职，极大地降低了企业的管理成本。

此外，数字人的另一大优势，在于“闲时流量”，目前许多商家的直播间，均采用了真人和数字人组合的形式。傍晚的黄金时段，由真人主播出镜带货。而到深夜，或是白天一些流量较差的时段，则用数字人去填补闲时流量，抢占更多真人主播难以覆盖到的用户，增加企业收益。

## 五、AI 数字人虚拟主播跟传统主播相比，有哪些优势？

近两年，AI 人工智能技术得到了快速发展，AI 数字人开始大量进入我们的生活，我们经常可以在各大直播间刷到 AI 数字人虚拟主播。这些主播光从表面上来看，完全跟真人一模一样，一样的容貌、一样的身形、一样的声音，几乎很难让人分辨出真假，或许正因如此，这种 AI 数字人虚拟主播才如此受欢迎。

那这种跟真人如此神似的 AI 数字人主播，未来真的能替代传统主播吗？它们跟传统主播相比，究竟有哪些优势呢？

1. 成本低

用数字人主播，成本就只是一个数字人主播的成本，几乎没有其他额外的费用，将数字人一次性买断来，后期即使天天直播，也不会再产生费用，更不会有产品的销售分成。按经济学的边际效益，或许到最后，摊下来的成本真的可以低到忽略不计。

2. 时间长

真人主播的直播时间一般在 1~3 小时，时间太长，人容易疲劳，效果也会递减，如果换人进行轮番直播，成本又提升了。而数字人直播在这方面就占了绝对的优势，用数字人主播，可以直接打造 7×24 小时日不落直播间，让每天的直播时间全部拉满。

3. 互动性强

在一个人气爆满的直播间，一个观众进去，主播并不会留意到你，即使你在公屏上进行询问，信息也很有可能快速被淹没，所以，在这样的直播间，一般除了直接下单，很少有被重视的感觉。

而数字人主播则会给观众很好的体验感，小编亲自在灰豚数字人生成的直播间测试过，每个观众进去，数字人主播都会叫出你的网名，与你打招呼，如果你有点赞或送礼等行为，主播也是点名对你进行感谢，真的是让人存在感爆满。

当然，除以上几点主要优势，AI 数字人虚拟主播随着时间的推移以及技术方面的逐步提升，它的优势将会越来越突出。

而未来，传统的主播是否会彻底被 AI 数字人取代，或许，这还是个未知数，只是想要彻底取代应该在短期内还难以实现，但 AI 数字人虚拟主播将慢慢进入直播圈，在圈里受到众多中小型商家的追捧，这个已经是不争的事实。

## 六、AI 深度学习：大模型训练数字人在教育培训行业中的应用

大模型训练数字人人机交互是一种基于深度学习的技术，旨在让计算机能够理解和生成自然语言。这种技术已经被广泛应用于虚拟助手、智能客服等领域。在数字人人机交互中，大模型可以通过学习用户的历史行为和偏好来提供更加个性化的服务。例如，当用户与数字人进行对话时，数字人可以根据用户的历史记录和偏好来推荐相关的内容或产品。此外，大模型还可以帮助数字人理解语言中的情感和语气，从而更好地回答用户的问题。数字人人机交互需要考虑到隐私和安全问题。因此，在使用大模型进行数字人人机交互时，需要确保数据安全和隐私保护。

大模型训练数字人人机交互培训是一种新兴的教育和培训方式。它结合了大数据、机器学习和计算机视觉等技术，通过模拟真实场景，让用户可以在虚拟环境中进行交互和学习。这种教育方式具有以下优点：

1. 提高学习效率：通过数字人人机交互培训，用户可以更快地掌握新知识和技能，还可以在自己的时间和空间内进行学习。

2. 提高学习质量：数字人人机交互培训可以根据用户的反馈不断优化教学内容和方法，提高教学质量。

3. 增强学习体验：数字人人机交互培训可以为用户提供更加丰富、生动、直观的学习体验，让用户更好地理解和掌握知识。

4. 降低成本：数字人人机交互培训可以减少传统教育的成本，特别是对于那些没有足够资金支持的用户来说。

5. 增强社会影响力：数字人人机交互培训可以帮助用户更好地了解新技术和应用场景，提高他们的社会影响力和竞争力。

总之，大模型训练数字人人机交互培训是一种非常有前途的教育方式，它将为未来的教育和培训带来巨大的变革和发展。

大模型训练数字人是一种新兴的人机交互方式，可以通过训练数字人来实现

更加自然、智能化的交互体验。在培训行业中，大模型训练数字人可以被用于以下几个方面。

1. 虚拟教师：利用大模型训练数字人，可以创建一个虚拟教师角色，为学生提供在线辅导和答疑服务。这种方式可以帮助学生更好地理解课程内容，同时也能够提高教学效率。

2. 在线客服：利用大模型训练数字人作为在线客服，可以为用户提供24小时不间断的服务。这种方式可以减轻客服工作量，并且可以更快速地响应用户的问题。

3. 个性化推荐：利用大模型训练数字人的数据分析能力，可以对用户进行个性化推荐。例如，当用户浏览某个产品时，系统会根据其历史浏览记录和购买记录来推荐相关产品。

4. 自动化流程：利用大模型训练数字人来自动化流程可以提高效率和准确性。例如，在金融领域中，大模型训练数字人可以自动审核贷款申请和信用卡申请等流程。

大模型训练数字人在培训行业中的运用非常广泛，可以在帮助企业提高效率、降低成本、提升用户体验等方面发挥重要作用。

## 第二节　AI虚拟数字人培训主播是怎么生成的？

数字人的创建是一个涉及人脸采集、3D建模、纹理贴图和动画技术的复杂过程。每一个步骤都需要专业的技术和工具。然而，随着技术的进步，创建数字人的过程正变得越来越普遍和易于操作。虽然这个技术还有许多挑战，但随着我们对人脸和表情的理解不断深入，未来的数字人将变得更加真实，更加贴近自然生物人类的综合表现能力。

杭州亚运数字火炬手团队利用AI等技术进行了上万次的动作捕捉绘制了几十万张设计图稿，从个性捏脸、动作捕捉到服装设计，使得亚运数字火炬手的形象达到两万亿种。

数字人的诞生从本质上来说，其实是硬件算力和软件算法生产力的体现。它是基于人工智能、虚拟现实、增强现实等技术手段创建的具有人类外貌、行为和认知能力的虚拟形象。数字人的出现得益于多个技术领域的进展。

## 一、视频数据采集扫描环节

数字人按照视觉呈现方式，可分为 2D 和 3D 两类，外形又可分为动漫风格、拟人风格、超现实风格等。本书我们主要聚焦的是 3D 数字人。

2D 数字人需要原画等形象设计，3D 数字人需要额外使用三维建模技术生成数字形象，信息维度增加，所需的计算量更大，无论是基于 IP 还是真人设计，都需要进行面部及身体的建模。

3D 技术主要包含静态扫描建模及动态建模两类。静态扫描建模仍为主流，其中相机阵列扫描重建快速发展，目前可实现毫秒级高速拍照扫描（高性能的相机阵列精度可达到亚毫米级），能够满足数字人扫描重建需求，替代结构光扫描重建成为当前人物建模主流方式。

目前国内主流的数字人服务技术解决方案，大多采用的是基于高清数码单反的人像采集扫描方案，采用视觉进行动作捕捉。随着扫描技术的进步，现在可以通过家用设备如智能手机和家用单反或者微单相机，进行高质量的人脸扫描，并不需要借助价格高昂的动作捕捉设备。

## 二、人物数据处理智能合成环节

接下来，采集的数据将经过一种叫作网格化的过程，被转化为计算机可以处理的 3D 模型。这些 3D 模型由数以千计的顶点和多边形组成，可以捕捉和再现被扫描者的面部特征和表情。然后，使用纹理贴图的技术，模型的表面被添加色彩和细节。这些贴图包括颜色贴图、法线贴图、光照贴图等，用以复现真实肌肤的色彩、质感和反光效果。

其中，2D、3D 数字人均已实现嘴型动作的智能合成，其他面部或身体部位的动作智能合成正在实现。一旦 3D 模型和纹理贴图创建完毕，我们就需要通过动画技术给模型注入生命。这通常会涉及人脸跟踪和表情捕捉等技术。这些技术能够实时地捕捉到真人的面部表情和动作，并将这些数据映射到数字人的 3D 模型上，使模型能够展现出类似真人的面部表情和动作。

## 三、AIGC 技术的模型驱动

AIGC 技术的原理是通过智能系统自动读取并解析识别外界输入信息，根据解析结果决策数字人后续的输出信息，然后驱动人物模型生成相应的语音与动作来使数字人跟用户互动，目前应用最为广泛的是基于文本或音频输入的数字人驱动方式，通过输入一段文字或者一段音频来控制数字人的口型闭合，这种驱动方式被广泛应用于数字人短视频拍摄及直播带货领域。

## 四、打造数字人的关键指标盘点

数字人制作完成后，还要进行响应效果评估，以人与人的交互体验为标准进行评估。

### 1. 口型驱动效果

可以从同步性、准确性、自然性等方面来评估数字人口型驱动的效果。

（1）同步性。数字人的口型动画与语音的同步性。如果同步性好，数字人的口型运动将与发音时间对齐，给用户带来更真实的体验。

（2）准确性。数字人的嘴唇运动与实际发音的准确性，包括观察数字人的嘴唇变化是否正确反映了所发出的音速。

（4）自然性。数字人的口型驱动是否与现实生活中的人类相似。我们可以通过观察数字人嘴唇的运动速度、平滑度来进行评估，过于生硬或不自然的嘴唇运动会让观众感到不适。

2. 肢体语言

除了口型驱动，数字人的表情和肢体语言也会对整体效果产生影响。表情和肢体语言应与语音信号相协调，以增强沟通效果和真实感。

3. 移动平滑度

衡量数字人嘴唇动作的平滑程度。通过计算嘴唇运动速度或加速度的变化，我们可以得到数字人的移动平滑度。

4. 口型相似度

通过比较数字人口型与实际发音者口型之间的相似程度，我们可以得出一个数值，也可以通过计算嘴唇轮廓之间的距离或相关性来实现。

5. 一致协调性

让不同类型的用户观看并评价数字人的动作配合口型驱动效果是否一致，比如在数字人表达亢奋情绪，说出某些词汇时，面部肌肉表情和手部动作是否做到了同步。如果发音亢奋，但手部无动作，面部无表情，只是口型做出了配合，那么整体的呈现效果依旧是失败的。

## 第三节　培训行业AI数字人直播带货商业打法

### 一、AI 数字人直播的竞争力特色

我们把直播带货定义为数字人行业应用的排头兵，那么数字人主播是不是能替代真人主播呢？或者说数字人会颠覆传统的直播商业模式吗？

从技术层面来说可以实现 AI 模拟特定声音直播，也就是你输入一段字，AI 帮你读出来，实时翻译、发音，并且声音中带有接近真人的音调和情感。要知道，声音克隆比脸部克隆要难得多，更为关键的是，这项技术的民用成本已经低于一个真人主播的月工资水平。从另一个角度来说，谁攻克了直播间的数字人直播带

货应用，谁就是 AI 技术应用在未来两三年内的最大获益者。

大家要知道，AI 领域向来是赢家通吃，就像 GPT 几乎吃掉了所有 AI 大模型的关注和红利，而 Midjourney 这家 AI 绘图公司更是以不到 15 人的团队，实现了单月数亿美元的营收。还要特别提到的一点是，各大平台对于数字人直播所持的态度有很大不同。比如，淘宝其实早就接受数字人直播了，但是限于技术水平和数字人主播的表现力等诸多问题，一直没有大规模地推广。其实，从淘宝电商直播间的实际展现效果来说，目前数字人主播已经可以完全满足淘宝商家的直播需要，因为未来一两年内，江浙沪地区的淘宝中小直播服务商会被 AI 大规模洗牌，主要原因还是基于成本的考虑。

## 二、AI 数字人直播的驱动方式

第一种方式是文本驱动，这是最简单的一种驱动方式。现在很多行业，大家的设想是非常好的，想着用 ChatGPT 生成直播脚本和直播话术，现在确实也可以做到，但是相对来说质量差一点，需要人工再去修改。修改完以后，把它的文本直接复制粘贴到数字人的后台，它就可以根据这些话来匹配语音自己朗读出来。

第二种方式是音频驱动，就是上文中所说的，在一场直播中，真人播两个小时，然后在旁边把直播全程录下来，真人主播直播以后，还可以用他的录音配上虚拟主播再去播两个小时。

这个是现在应用比较广的，其实音频直播除去互动性较差这个缺点，真实性还是非常好的。大家也可以再匹配一些回复助手，现在市面上也有这样的软件，让小助理在公屏上面去打字回复，一个助理同时盯 3 个直播间，在公屏上打字回复做到点对点服务。

第三种驱动方式是真人实时驱动，也可以解决不露脸的问题。有些人不愿意上镜，也不是能力不行，就是不想露脸。现在有数字人，他可以在旁边拿个麦去说话，这个就是真人实时驱动，他直接说话就可以了，不用露脸。

在这个过程中，其实产品可以相对丰富一点，因为目前在采样的时候，数字人采样可以不拿产品。你也可以拿 3 个产品，比如你家卖得最好的 3 个。也可以在后台设置好你的产品顺序，比如第一个产品是哪个，第二个产品是哪个，第三个是哪个。当你切换这个产品的时候，真人就可以在数字人后台去点击下一个产品的形象进行匹配。

## 三、实拍产品 +AI 数字人结合

数字人直播背景的玩法是将实拍产品和数字人结合起来，这样做可以将产品展示和销售做到最大化，同时也可以吸引更多的观众。具体来说，实拍产品和数字人结合可以采用以下方式。

1. 在数字人直播背景中加入实物产品。在直播前，可以提前拍摄要直播的产品，将拍摄的视频进行剪辑，展示实物产品的外观、功能等方面的特性，来吸引观众的注意力，和观众进行互动以及介绍产品的优点和使用方法。

2. 在数字人直播背景中展示虚拟产品。除了实物产品，虚拟主播也可以在数字人直播背景中展示虚拟产品，比如 3D 模型等，通过高清、立体的展示，让观众可以 360° 旋转查看产品的外观、功能等，同时也可以让观众更好地理解产品的使用方法和优势。

3. 数字化展示实拍产品。数字人主播可以将实拍的产品进行数字化加工，比如通过全息影像技术，将实物产品变为三维立体图像，并在数字人直播背景中展示，让观众可以近距离地观赏和了解产品。

4. 数字人直播间背景可以用走播的方式来拍摄，增加直播间的趣味性和可看性，这样将更好地吸引观众以及满足他们的需求和期望。走播的拍摄方式，可以更加灵活地切换角度，使画面更加丰富变化，增强现场感和趣味性。可以集中展现宣传的重点，使内容更加突出，更容易让观众了解和关注。走播的拍摄方式，在互动环节中也很实用，因为摄像机可以随时调整角度，让观众可以清晰地看到目标物，并且可以追踪活动范围，增强互动效果。

总的来说，将实拍产品和数字人结合起来，可以让直播间更加丰富多彩，吸引更多观众参与到直播中来，实现良好的互动效果和商业价值。

### 四、真人主播 +AI 数字人结合

数字人直播背景的玩法之一是在真人主播的直播间背景中添加数字人来讲解产品。这种方式可以实现数字人直播背景和主播之间的良好协作，使观众在直播时更容易理解和接受产品信息。以下是具体介绍。

1. 相互协作、共同展示产品。在直播中，真人主播可以站在背景中展示产品，而数字人可以通过真人实时驱动根据话术来描述产品的特点，或者进行更加形象化的展示，以增强信息传达效果。

2. 视觉效果更加突出。在背景中增加真人主播，可以使产品展示过程更加真实，尤其是使用类产品，如护肤品，可以让真人主播演示护肤等一系列步骤，数字人在一旁讲解产品。这样能够更好地展示产品的效果。

3. 产品讲解更加精准。我们在用数字人之前，一定是有一套完整的话术体系来描述产品。可以通过实时驱动将提前写好的话术让数字人在直播间做输出，进行更加专业且有针对性的产品讲解。

4. 特点和功能描述。当主播展示产品时，数字人可以随时根据话术来描述产品的特点和功能，让观众更全面、具体地了解产品。

在数字人的帮助下，真人主播可以提升产品的展示效果，同时数字人也可以通过语音等形式增强产品的吸引力和影响力，最终实现更好的营销效果。真人主播和数字人相结合可以充分发挥真人主播和数字人的各自优势，以最佳的方式为产品营销和传播带来更大价值。

## 第四节　打造AI数字人讲师24小时直播课堂

讲师数字人是一种基于人工智能技术的虚拟教学助手，它可以模拟真实讲师的表现，为学生提供个性化的教学服务。通过使用讲师数字人，学生可以获得更

加互动和个性化的学习体验，同时也可以节省时间和精力。

## 一、手把手教你创建一个 AI 数字人无人直播间

随着直播电商的热潮涌起，现如今越来越多的消费者习惯在直播间中购物，而商家也纷纷加入直播带货的行列。直播带货这一商业模式已经相对成熟，但随着人工智能技术的不断发展，一种更为高效的直播方式正在崭露头角，那就是利用数字人直播来实现更高效的 24 小时无人直播。

数字人直播的实现方式主要有以下几个步骤。

数字人创建与训练：首先，需要通过先进的人工智能技术和虚拟形象技术来创建数字主播。这包括对主播的外貌、表情、声音等特征进行数字化建模，并利用深度学习和模型训练使其具备逼真的虚拟形象和行为。

### 1. 实时互动技术集成

为了实现数字人直播与观众的实时互动，需要集成实时互动技术。这包括观众提问和评论的识别与回应，以及根据观众反馈做出相应的动作和表情等。

### 2. 内容准备

在数字人直播之前，需要准备好直播内容的剧本和脚本，确保直播内容有趣、丰富，并与观众的兴趣相契合。同时，准备好商品信息、互动问题等内容，以便与观众进行实时互动。

### 3. 直播推广与营销

为了吸引更多观众参与，企业需要进行直播推广与营销。这包括通过社交媒体、广告等渠道宣传数字人直播活动，提高直播的曝光率和知名度。

数字人技术近年来在直播和短视频领域愈发流行，然而在过去，其高昂的制作费用限制了其应用范围，只有大型企业和机构才能负担得起。如今数字人技术市场正在经历积极变化。随着技术的进步，制作虚拟数字人变得更加便捷高效。

传统虚拟人的制作过程涉及形象设计、建模、驱动和渲染等多个环节，主要

依赖影视CG、VFX技术和游戏引擎等工具。但如今,制作数字人的过程大为简化。只需提供一段3～5分钟的真人出镜口播视频，就可提交数字人制作需求。通常情况下，完成整个数字人的制作只需要3~5天的时间。通过精确控制数字人的嘴唇和肢体动作等关键要素，数字人的逼真度可达到极高水平，甚至接近99%，使其外观几乎与真人无异。

目前，数字人领域涌现出许多知名企业，包括腾讯、科大讯飞、百度、中科深智、风平智能、硅基智能、杭州花脸、魔珐科技、配播精灵、闪剪、汉全元宇宙、相芯科技和人人电商等。这些公司可以大致分为两类。第一类是定位明确的数字人提供商，专注于文娱传媒和代言等领域，为特定行业提供服务。第二类是广泛应用于直播和短视频领域的数字人提供商，其服务对大多数企业和个人都非常有用，尤其是那些在抖音、快手等视频平台活跃的公司。

金牌讲师拥抱人工智能时代是一个积极的趋势。随着技术的不断发展，人工智能已经成为各行各业的重要组成部分。讲师在教育和培训领域也开始使用人工智能技术来提高学生的学习效果和教学质量。

## 二、金牌讲师如何制作AI数字人短视频?

数字人讲师是一种利用人工智能技术创建的虚拟讲师，它可以模拟真实的教学场景，为学生提供个性化的学习体验。数字人讲师运用了以下几种技术。

1. 自然语言处理NLP：数字人讲师使用自然语言处理技术来理解和回答学生的问题。这使得学生可以与数字人进行交互，而不必担心语言障碍。

2. 机器学习：数字人讲师使用机器学习算法来分析和理解学生的行为和反应。这些算法可以帮助数字人讲师更好地了解学生的需求，并根据需要调整其教学方式。

3. 虚拟现实VR：数字人讲师使用虚拟现实技术来创建一个沉浸式的教育环境。这种技术可以让学生身临其境地参与到课程中，从而提高他们的兴趣和参与度。

4. 人工智能 AI：数字人讲师使用人工智能技术来分析学生的行为和反应，并根据这些信息调整其教学方式。这可以帮助数字人讲师更好地了解学生的需求，并提供更加个性化的教育服务。

培训行业数字人短视频制作是一种利用数字技术和人工智能技术，将虚拟人物应用于培训教育中的一种新型方式。通过使用数字人，可以创建逼真的虚拟角色，并在培训课程中进行交互式学习。

这种技术可以帮助培训机构提高效率、降低成本，并为学生提供更加生动、直观的学习体验。同时，数字人还可以帮助培训机构更好地了解学生的需求和反馈，从而优化课程设计和教学方法。

在制作数字人短视频时，需要考虑到视频内容的情感表达、角色设定、画面风格等因素。同时，还需要对数字人进行训练和优化，以确保其与目标受众的沟通和理解。

总之，培训行业数字人短视频制作是一个不断发展和创新的领域，可以为培训机构提供更加有效和便捷的教育方式。数字人短视频制作需要具备以下几个步骤。

确定视频主题和内容：首先，需要确定短视频的主题和内容，这可以通过市场调研和分析来了解观众的需求和兴趣，从而确定合适的主题和内容。

采集数据：根据主题和内容，采集与之相关的多种形式的信息，包括图片、视频、语音、文字等。这些信息可以通过网络爬虫、搜索引擎、社交媒体等途径获取。

数据处理：利用人工智能技术对采集到的数据进行处理，包括数据清洗、预处理、标注等步骤，以便训练数字人模型。

训练数字人模型：根据处理后的数据，训练数字人模型。训练数字人模型需要使用深度学习等技术，包括生成对抗网络（GAN）、神经网络等。训练完成后，数字人模型可以根据输入的文本或语音生成相应的视频。

生成短视频：根据训练好的数字人模型，输入相应的文本或语音，生成相应的视频。生成的短视频可以通过剪辑软件进行剪辑和编辑，以符合实际需求。

导出和发布：将生成的短视频导出并发布到各大社交媒体和视频平台，以吸引更多的观众和流量。同时，可以根据观众的反馈和数据分析进行优化和改进，提高视频的质量和效果。

需要注意的是，数字人技术的实现需要专业的技术和设备支持，包括高性能计算机、GPU 等。同时，数字人模型的训练也需要大量的时间和计算资源。因此，在实际应用中，需要考虑成本和效率等因素，选择合适的数字人技术和设备。

数字人短视频制作需要多方面的技能和知识，需要投入大量时间和精力来完成。但是，如果您具备这些技能并且有足够的兴趣和热情，那么数字人短视频制作将会是一项非常有趣和富有挑战性的工作。

## 三、怎样使用 AI 技术制作讲师数字人课件和录课？

在当今数字化快速发展的时代，利用 AI 技术制作数字人课件和自动录课已经成为一种广泛的应用。对于金牌讲师而言，利用数字人技术可以更加便捷、高效地制作课件和录课，提高自己的教学水平和效果。以下是一些关于如何利用数字人技术制作课件和录课的具体建议。

### 1. 了解数字人技术

在利用数字人技术制作课件和录课之前，讲师需要了解数字人技术的相关知识，包括数字人建模、动作捕捉、面部捕捉等技术。这些技术可以用于创建数字人形象、生成自然语言、实现人机交互等。通过学习这些技术，金牌讲师可以更好地将这些技术应用到自己的课件和录课制作中，提高制作效率和效果。

### 2. 确定数字人形象和特征

讲师需要根据自己的课程内容和教学风格，确定数字人的形象和特征。数字人的形象和特征需要与金牌讲师的教学风格和课程内容相符，同时还需要与课件和录课的主题和内容相匹配。例如，如果金牌讲师是一位英语教师，那么数字人的形象可以是一位外国友人，特征可以包括流利的英语和友好的性格。

3. 构建数字人模型

讲师需要与专业的数字人建模团队合作，根据数字人形象和特征构建数字人模型。数字人模型可以包括 3D 模型、骨骼动画、纹理映射等技术，以达到逼真的效果。同时，金牌讲师还需要考虑数字人的动作、语音、表情等方面的实现，使数字人更加自然、生动。

4. 实现人机交互

讲师可以利用人工智能和自然语言处理等技术，实现数字人与学生之间的人机交互。这可以通过聊天机器人、语音识别等技术实现。聊天机器人可以基于自然语言处理和机器学习等技术，自动回复学生的问题和留言，提高学生的学习体验和参与度。同时，讲师还可以利用语音识别技术，实现数字人与学生之间的语音互动。

5. 制作课件和录课内容

讲师需要制作与数字人形象和特征相符的课件和录课内容。在制作过程中，讲师可以利用数字人技术来增强课程的趣味性和互动性。例如，通过数字人技术，讲师可以实现虚拟场景的呈现，使得课程内容更加生动有趣。此外，讲师还可以通过数字人技术来制作一些实验、模拟等难以实际操作的课程内容，使学生更加深入地理解和掌握知识。

6. 管理和优化

完成课件和录课内容的制作后，讲师需要进行管理和优化。例如，及时回复学生的留言和反馈、统计分析课程的点击量和评价等。通过分析和改进，金牌讲师可以不断优化自己的课件和录课内容，提高教学质量和效果。

总之，在数字化快速发展的时代，讲师可以利用数字人技术制作课件和录课。通过了解数字人技术、构建数字人模型、实现人机交互、制作课件和录课内容、管理课件和录课制作等方法，金牌讲师可以更加便捷、高效地制作课件和录课，提高自己的教学水平和效果。同时，需要注意数字人技术的成本和效率等因素，选择合适的数字人技术和设备进行制作。

## 四、讲师如何利用 AI 数字人 24 小时直播?

数字人直播和培训发展是当前数字化时代中非常重要的领域。它可以为用户提供更加真实、生动的体验。通过虚拟现实技术和人工智能技术，数字人可以模拟各种场景和情境，让用户感受到身临其境的感觉。这种技术还可以被广泛应用于电子竞技、娱乐、教育等领域。数字人是一种基于人工智能技术的虚拟形象，可以进行语音交互、图像识别和自然语言处理等多种功能。

数字人 24 小时直播讲课是一种新型的教育方式。它可以为学生提供更加灵活和个性化的学习体验。通过数字人技术，学生可以随时随地进行在线学习，无须担心时间和地点限制。此外，数字人还可以根据学生的学习进度和兴趣爱好来定制课程内容，使得学习更加高效和有趣。

在培训发展方面，数字人直播也可以被用于培训和教育。通过数字人的互动性和个性化特点，它可以帮助学生更好地理解和掌握知识。同时，数字人直播也可以被用于职业培训、医疗培训等领域。

如果让数字人 24 小时直播，需要考虑以下几个方面。

1. 硬件设备：数字人需要运行在一台高性能计算机上，因此需要购买或租赁高性能计算机或服务器来支持直播。

2. 软件开发：您需要使用专业的软件开发工具来编写和调试代码，以确保数字人可以实现自然语言处理、图像识别和自然语言生成等功能。

3. 网络连接：数字人需要通过网络连接到互联网才能与观众进行交互。因此，您需要选择一个稳定的互联网服务提供商，并配置好网络设备和带宽。

4. 推广和宣传：为了吸引更多的观众，您需要进行有效的推广和宣传，例如在社交媒体上发布直播预告、邀请知名主播或明星来做客等。

数字人 24 小时直播需要一定的技术支持和资源投入。如果您没有相关经验或资源，建议寻求专业的帮助或合作伙伴。

讲师可以利用数字人 24 小时直播平台，通过在线视频直播的方式向学生传授知识和技能。以下是一些讲师可以利用数字人 24 小时直播的方法。

1. 在线课程：讲师可以在数字人 24 小时直播平台上创建一个专门的课程，并使用该平台进行直播。这将允许学生随时随地访问课程内容，并与讲师进行实时互动。

2. 互动性教学：数字人 24 小时直播平台提供了许多工具和功能，可以帮助讲师创建更加互动和有趣的教学体验。例如，讲师可以使用语音识别技术来与学生进行实时交流，或者使用虚拟现实技术来增强学生的体验。

3. 自定义设置：数字人 24 小时直播平台提供了许多自定义设置选项，包括视频质量、音频质量、字幕等。讲师可以根据自己的需要对这些设置进行调整，以确保最佳的教学效果。

4. 分享资源：数字人 24 小时直播平台还允许讲师分享自己的资源，例如 PPT、视频等。这将帮助学生更好地理解和掌握所学内容。

总之，数字人 24 小时直播平台为讲师提供了一个强大的工具，可以帮助他们更好地与学生进行互动和交流。通过利用这些工具和功能，讲师可以创造出更加生动、有趣、富有互动性的教学体验。数字人直播和培训发展都是当前数字化时代中非常重要的领域。随着科技的不断进步，我们相信这些领域将会有更加广阔的发展空间。

# 后记 POSTSCRIPT

## 拥抱AI，开启教育新征程

当我为《AI 时代重新定义讲师：培训智能化赋能及讲师 IP 打造》画上最后一个句号，心中满是感慨。回首这断断续续写稿的两年间，科技的浪潮汹涌澎湃，AI 工具的迭代速度令人目不暇接，仿佛置身于一场永不停歇的创新马拉松之中。

在成书的过程中，每一次校对文稿都像是在与时间赛跑，却总感觉追赶不上技术突破的步伐。曾几何时，AI 批量生产文案初现端倪，还没等我将其剖析透彻并融入书中，AI 批量生成短视频的技术已席卷而来，紧接着 AI 矩阵运营账号、AI 流量变现等新模式如雨后春笋般涌现。这些日新月异的变化，让我深知书中关于工具赋能内容的部分或许刚付梓便稍显滞后。但这并非遗憾，而是时代高歌猛进的有力见证。

展望未来，那是一幅超乎想象却又触手可及的画卷。AI 正以前所未有的速度重塑工作模式，不久的将来，一个人配备先进的 AI 工具，便能完成以往一个团队的工作量。对于讲师而言，这是前所未有的机遇 —— 借助 AI，金牌讲师能够突破时间与精力的藩篱，将知识传播得更远、更广、更深。

随着 AI 眼镜的逐步发展，教育场景将迎来颠覆性变革。讲师戴上它，PPT 仿佛被施了魔法，直接悬浮于眼前，从此告别厚重的讲稿，演讲更加挥洒自如，与学员的眼神交流也更加真挚、频繁。知识的传递不再受限于纸张与屏幕，而是通过眼神、通过生动的讲述，直抵人心。再看脑机接口技术，虽尚在襁褓，却已曙光初现。当它走向成熟，意念操控工作将成为日常：讲师只需在脑海中构思课程架构、知识要点，AI 便能迅速领会意图，将其完美呈现在学员面前，授课效率将呈指数级增长。

身为本书作者，我由衷希望读者能透过这些文字，不仅读懂当下 AI 对讲师职业的重塑，更能预见未来科技为个人成长与职业发展开辟的无限可能。在 AI 蓬勃发展的时代，恐惧与抵触无济于事，唯有张开双臂迎接变革，以开放包容之心拥抱 AI，同时在喧嚣的变革中认清自我——了解自身独特优势、坚守教育初心，用 AI 思维武装头脑，方能在人工智能的时代洪流中找准航向，乘风破浪。在这个充满变革的时代，AI 的价值不仅仅在于替代人类的工作，更在于放大人类的价值。科技的进步，归根结底是为了人类的福祉。“科技向善，让无力者有力，让有力者前行”，这不仅是美好的愿景，更是我们每一个教育从业者的责任与使命。

最后，感谢每一位读者对本书的关注与支持。希望这本书能为大家在 AI 时代的职业发展和个人成长提供有益的启示与帮助，这便是我最大的欣慰。愿我们携手共进，拥抱 AI，共创未来。